Gerda Bengtsson

Dänische Kreuzstichmuster

Dänische Handarbeitsgilde

Verlag Paul Haupt Bern und Stuttgart

Bezugsquellen:

Haandarbejdets Fremme
38 Vimmelskaftet
DK-1161 København K

Bahmann KG
Karmarschstrasse 37
D-3000 Hannover 1

Haus Dänemark
Kuhstrasse 4
D-3300 Braunschweig

DANI
Handarbeiten-Kunstgewerbe
Dr. Todsenstrasse 5
D-2390 Flensburg

Kolmsperger Handarbeiten
Salvatorstrasse 7
D-8000 München 2

Schweizer Heimatwerk
Rennweg 14
CH-8001 Zürich

Luchinger & Trees AG Bern
Am Theaterplatz 4
CH - 3007 Bern

Titel der dänischen Ausgabe:
Vilde Roser og andre korsstingsmotiver
von Gerda Bengtsson
Copyright © 1974 by Haandarbejdets Fremme and
Høst & Søns Forlag, København

CIP-Kurztitelaufnahme der Deutschen Bibliothek

Bengtsson, Gerda:
Dänische Kreuzstickmuster / Gerda Bengtsson. –
2. Aufl. – Bern, Stuttgart: Haupt, 1981.
   Einheitssacht.: Vilde roser og andre
   korsstingsmotiver ‹dt.›
   ISBN 3-258-02938-5

2. Auflage 1981
Copyright © 1980 für die deutsche Ausgabe by Paul Haupt Berne
Alle Rechte vorbehalten

Inhalt

So werden die Stiche gestickt	6
Material und Anleitungen	7
Beispiele von Kreuzsticharbeiten	10
Wilde Rosen	16
Stadt- und Landleute	40
Blumenfenster	58

Vorwort

Diese Auswahl an Kreuzstichmustern wurde im Auftrag der Dänischen Handarbeitsgilde von Gerda Bengtsson zusammengestellt. Ihr Interesse an der Natur und ihre getreue Wiedergabe in Kreuzstichstickereien charakterisieren dieses Buch. So ist es für uns naheliegend, mit den eindrucksvollen Rosenbildern zu beginnen, die ihr ausgeprägtes Gefühl für Blumen wiedergeben.
Die zweite Motivgruppe umfasst die Jahreszeitenwechsel, die anhand einer Reihe von Bildern mit Stadt- und Landleuten dargestellt werden.
Das Buch schliesst mit einigen reizenden Blumenfenstern, in denen grüne und blühende Zimmerpflanzen stehen.
Alle Muster wurden mit dänischem Blumengarn (Dansk Blomstergarn) gestickt. Es ist ein feines, mattes Baumwollgarn, das in einer breit gefächerten Palette von Naturfarben – ähnlich der pflanzengefärbten vorhanden ist. Dieses Garn entspricht Gerda Bengtssons hohen Anforderungen sowohl an sich selbst als auch an ihr Material.

So werden die Stiche gestickt

A. Der Kreuzstich wird von links nach rechts gestickt. Alle Unterstiche werden zuerst gearbeitet. Jeder Unterstich führt schräg über 2 Webfäden von der unteren linken zur oberen rechten Ecke. Die Deckstiche werden auf umgekehrtem Wege von links unten nach rechts oben gestickt, und der Kreuzstich ist fertig.
B. Der Kreuzstich wird von oben nach unten gestickt. Jeder Stich sollte in einem Arbeitsgang ausgeführt werden, so dass die Deckstiche in der gleichen Richtung wie bei Zeichnung A liegen. Die Rückseite von A und B soll ausschliesslich senkrechte Stiche zeigen.
C. Die Kreuzstiche gegeneinander verschoben.
D. Es gibt zwei Arten von Steppstich. Links gehen die obersten Steppstiche über 2 Fäden zur Seite und 2 Fäden nach unten, ein Stich geht 2 Fäden senkrecht und ein Stich 2 Fäden waagrecht. Rechts führt der oberste Steppstich 2 Fäden nach unten, aber nur 1 Faden zur Seite, und der vierte Stich geht 2 Fäden zur Seite und 1 Faden nach unten. Darüber hinaus sieht man 1 senkrechten und 1 waagrechten Stich.
E. Vier Steppstiche werden über einen einzelnen Faden bzw. über ein einzelnes Fadenkreuz gestickt.
F. Links sehen Sie vier ¾-Kreuzstiche. Rechts sehen Sie halbe Kreuzstiche, die sich in die eine Richtung nur über einen und in die andere Richtung über 2 Fäden spannen.

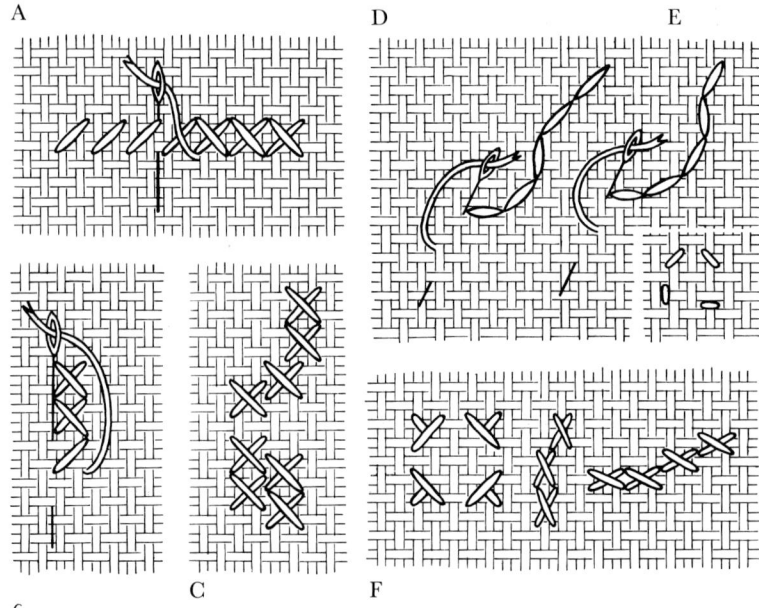

Material und Anleitungen

Die Motive können u.a. verwendet werden für Läufer, Tischsets, Tischtücher, Deckchen, Teewärmer, Kissenbezüge, Glockenzüge und Wandbehänge.
Die Motive in diesem Buch wirken am besten, wenn sie auf reinem Leinen mit einer Dichte von 12 Webfäden pro cm Stoff (hier im Buch als Leinen I bezeichnet) oder auf eine gröbere Qualität mit einer Dichte von 7 Webfäden pro cm Stoff (im Buch als Leinen II bezeichnet) gestickt werden. Das Leinen muss natürlich fadengerade sein, d.h. es muss waagrecht und senkrecht gleich viele Fäden pro cm haben. Vergleichen Sie im übrigen das Schema auf Seite 9, wo alle notwendigen Erklärungen zusammengefasst sind.
Auf den Abbildungen für das Rosenmuster wird die Mittellinie durch Pfeile markiert. Der Mittelpunkt des Musters liegt im Schnittpunkt dieser Linien.
Ein Quadrat auf dem Muster entspricht 2 Fäden im Leinen.
Die besten Resultate werden mit dem Blomstergarn der Haandarbejdets Fremme (Dänische Handarbeitsgilde) erzielt. Bezugsquellen siehe Seite 4.

Legenden
Die Motive im Buch sind im Kreuzstich gearbeitet. Unter jedem Zählmuster finden Sie Symbole und Nummern für die verschiedenen Farben. Die Abbildung auf der gegenüberliegenden Seite zeigt die angewendeten Farben des Blomstergarns mit den entsprechenden Nummern.
An einzelnen Stellen wird ausserdem der Steppstich verwendet. Die Symbole für den Steppstich stehen links von denen für den Kreuzstich.

Ein derartiger Grössenunterschied ergibt sich bei jedem Motiv, je nachdem ob Sie es auf Leinen II oder auf Leinen I sticken. Bei dieser Abbildung können Sie ihn anhand der «Pater Hugh Scallons Rose» feststellen; sie ist auf Seite 23 in Farbe wiedergegeben.

Die verwendeten Leinenarten und deren Fadendichte sowie die dazugehörigen Garne und Nadeln:

Leinen I, fein, gebleicht: 12 Fäden pro cm, 140 cm breit.
Man stickt mit 1 Faden Dansk Blomstergarn. Man benutzt Nadel Nr. 24 oder Nr. 25 ohne Spitze.

Leinen II, grob, gebleicht: 7 Fäden pro cm, 140 cm breit.
Man stickt mit 2 Fäden Dansk Blomstergarn. Man benutzt Nadel Nr. 21 ohne Spitze.

Anhand des Schemas lässt sich leicht berechnen, welche Fläche die einzelnen Motive auf den vorgeschlagenen Leinenarten ausfüllen werden.

Motive Grösse	*Rosen* 70×70 Quadrate	*Leute* 63×63 Quadrate	*Pflanzen* 58×58 Quadrate
Leinen I 6 Quadrate = 1 cm	11½ cm	10½ cm	10 cm
Leinen II 3½ Quadrate = 1 cm	20 cm	18 cm	16½ cm

Beispiele von Kreuzsticharbeiten

Rechts: Kissenbezug mit einer Kartoffel-Rose. Das Paspelband wirkt als leichter und attraktiver Rahmen.

Unten: Set mit einer Moyes Rose. Ein zierlicher Saum schliesst die Arbeit ab.

Wilde Rosen

Vor allem die Rosenmuster werden anhand illustrierter Beispiele eingehend erläutert; die beiden andern in diesem Buch enthaltenen Musterarten werden ähnlich gestickt.

Platzdeckchen
Leinen I, gebleicht
Zuschneidemasse: 48 × 38 cm, Fertigmasse: etwa 43 × 32 cm
Sticken Sie mit einem Faden.
Umrahmen Sie das Deckchen mit einem 8 Fäden breiten Saum. Der Abstand vom Saum zum Motiv sollte auf jeder Seite 10 Fäden betragen.

Kleine Tischsets
Leinen II
Zuschneidemasse: 21 × 21 cm, Fertigmasse: etwa 15 × 15 cm
Sticken Sie mit einem Faden.
Legen Sie einen 8 Fäden breiten Saum um, und sticken Sie über 3 Fäden. Vgl. Abbildung auf Seite 8.

Kissen
Leinen II
Zuschneidemasse: 46 × 46 cm, Fertigmasse: etwa 34 × 34 cm
Sticken Sie mit zwei Fäden.
Fassen Sie das Kissen mit einem grünen Paspelband ein.

Wandbehang
Leinen II, gebleicht
Zuschneidematerial: 35 × 35 cm, Fertigmasse: etwa 30 × 30 cm
Sticken Sie mit zwei Fäden.
Spannen Sie die fertige Stickerei auf Pappe (30 × 30 cm gross und 2 mm dick). Die Stickerei kann zusätzlich in einen mit Glas bedeckten Rahmen gestellt werden, aber überzeugen Sie sich, dass es sich um nichtreflektierendes Glas handelt.

Glockenzug

Leinen I, gebleicht
Zuschneidematerial: 21 × 115 cm
Fertigmasse: etwa 14 × 98 cm
Der Glockenzug besteht aus sieben Motiven in folgender Reihenfolge: (1) Seite 25, (2) Seite 35, (3) Seite 23, (4) Seite 31, (5) Seite 21, (6) Seite 29, (7) Seite 27. Suchen Sie die Mitte auf dem oberen Rand des Leinens. Messen Sie 9 cm vom oberen Rand. Zählen Sie von diesem Punkt bis zum nächsten Blatt, und beginnen Sie die Stickerei. Der Abstand zwischen den einzelnen Motiven sollte 24 Fäden betragen.

Schlagen Sie das Leinen 20 Fäden von der Stickerei ausgehend beidseitig um, oben und unten je 2½ cm. Fassen Sie den Glockenzug beidseitig mit einem schmalen grünen Paspelband ein, befestigen Sie oben und unten Messingstäbe.

Die Rosenmuster sehen – wie auf dem Glockenzug zusammengestellt, oder in einem grösseren Format als Wandbild – sehr ansprechend aus.
Sie können verschieden grosse Rahmen kombiniert mit Glas und Metallhaken kaufen, die Rückseite, Stickerei und Glas unauffällig zusammenhalten.

Stadt- und Landleute

Wandbehang mit drei Motiven

Leinen I, gebleicht
Zuschneidemasse: 46 × 24 cm
Fertigmasse: etwa 38 × 15½ cm
Messen Sie von der oberen linken Ecke des Stoffes 6 cm nach unten und von dort dann noch einmal nach rechts; beginnen Sie hier. Der Abstand zwischen den Motiven beträgt 2 Fäden.
Die fertige Stickerei spannen Sie auf Pappe. Lassen Sie einen Rand von 2 cm zwischen Stickerei und Umlegekante.

Die Motive «Stadt- und Landleute» sehen gut aus, wenn sie – wie hier – zu einem Fries zusammengefügt werden.

Diese grössere Landschaftsdarstellung gibt einen guten Eindruck des bevorstehenden Jahreszeitenwechsels.

Wandbehang

Leinen II
Diese Motive können in genau gleicher Weise verwendet werden wie beim Wandbehang mit den wilden Rosen.
Anhand der Angaben bei den Rosenmotiven können ebenfalls Kissenbezüge und Läufer angefertigt werden.

Blumenfenster

Wandbehang

Leinen II
Zuschneidemasse: 48 × 31 cm
Fertigmasse: etwa 38 × 21 cm
Es handelt sich hier um ein sich wiederholendes Motiv.
Messen Sie von der oberen linken Ecke des Stoffes 6 cm nach unten und von dort dann noch einmal nach rechts; beginnen Sie hier.
Anhand der Angaben bei den Rosenmotiven können ebenfalls Kissenbezüge, Wandbehänge und Läufer angefertigt werden.

Die Blumenfenster eignen sich auch sehr gut für Friese. Hier ist das Muster mehrmals wiederholt worden.

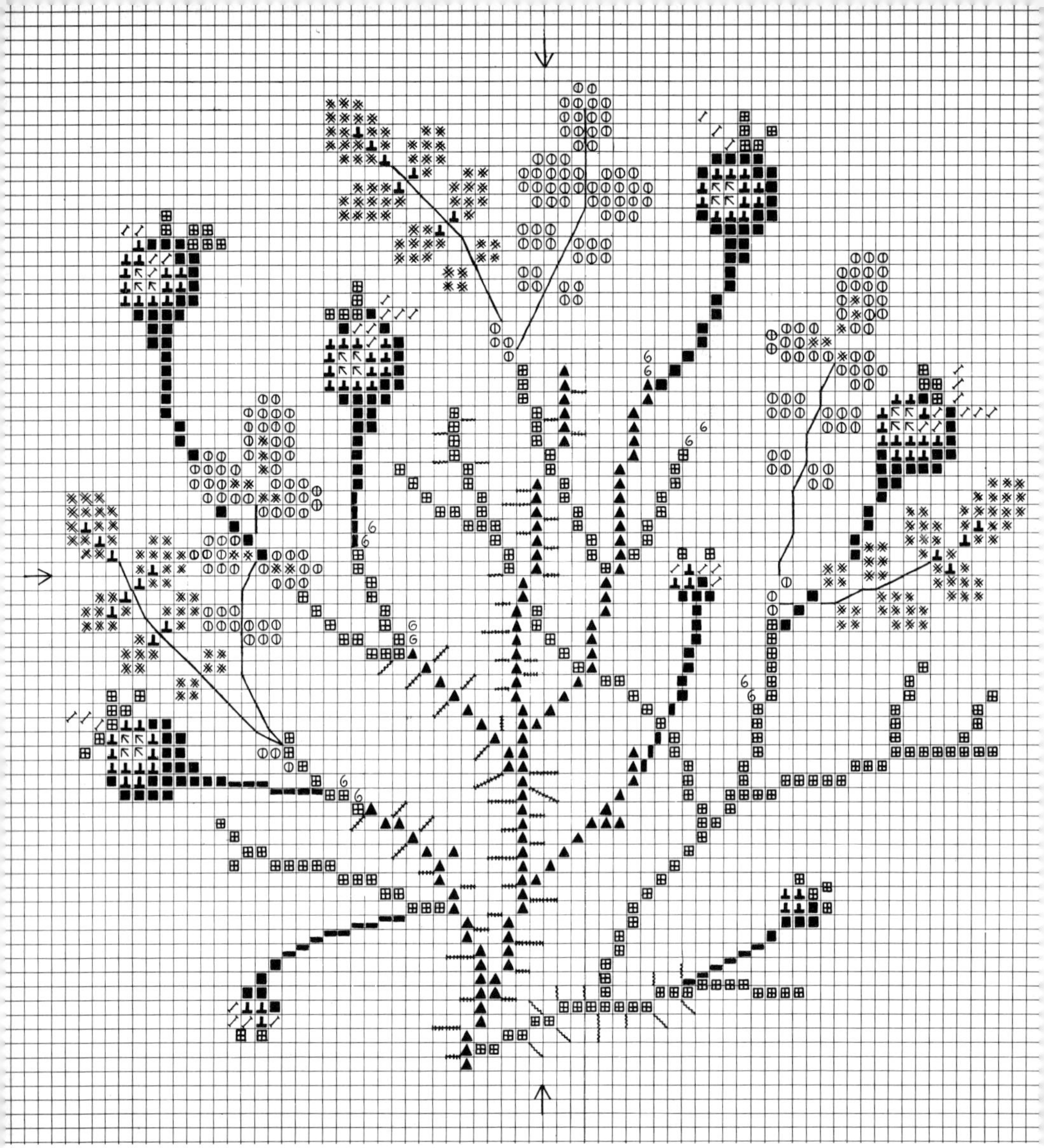

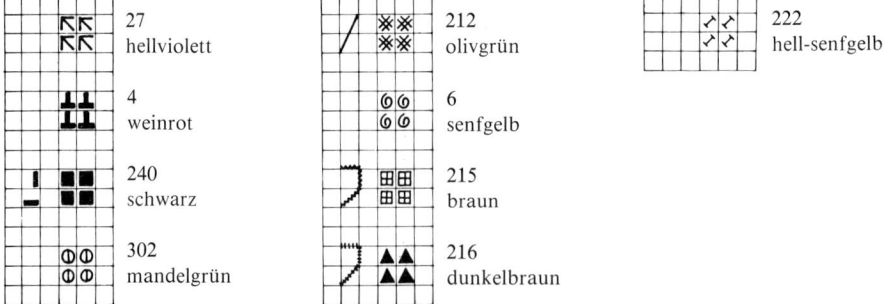

	27 hellviolett		212 olivgrün		222 hell-senfgelb
	4 weinrot		6 senfgelb		
	240 schwarz		215 braun		
	302 mandelgrün		216 dunkelbraun		

Pimpinell-Rose
Rosa pimpinellifolia

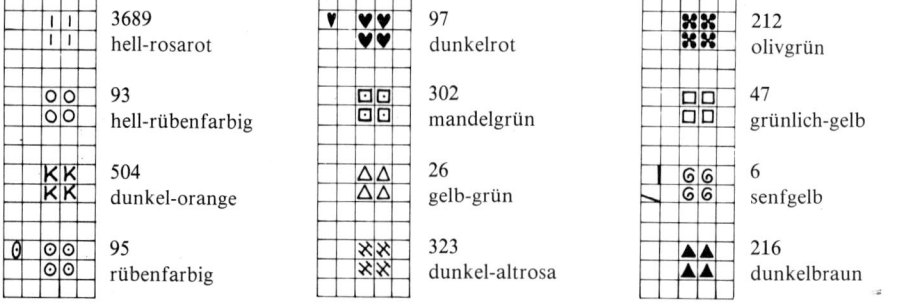

	3689 hell-rosarot		97 dunkelrot		212 olivgrün
	93 hell-rübenfarbig		302 mandelgrün		47 grünlich-gelb
	504 dunkel-orange		26 gelb-grün		6 senfgelb
	95 rübenfarbig		323 dunkel-altrosa		216 dunkelbraun

222
hell-senfgelb

215
braun

Helene Wilsons Rose
Rosa helenae hybrida

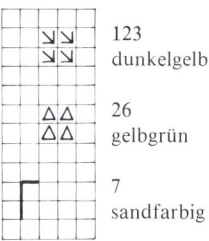

123 dunkelgelb
26 gelbgrün
7 sandfarbig

Feldrose
Rosa arvensis

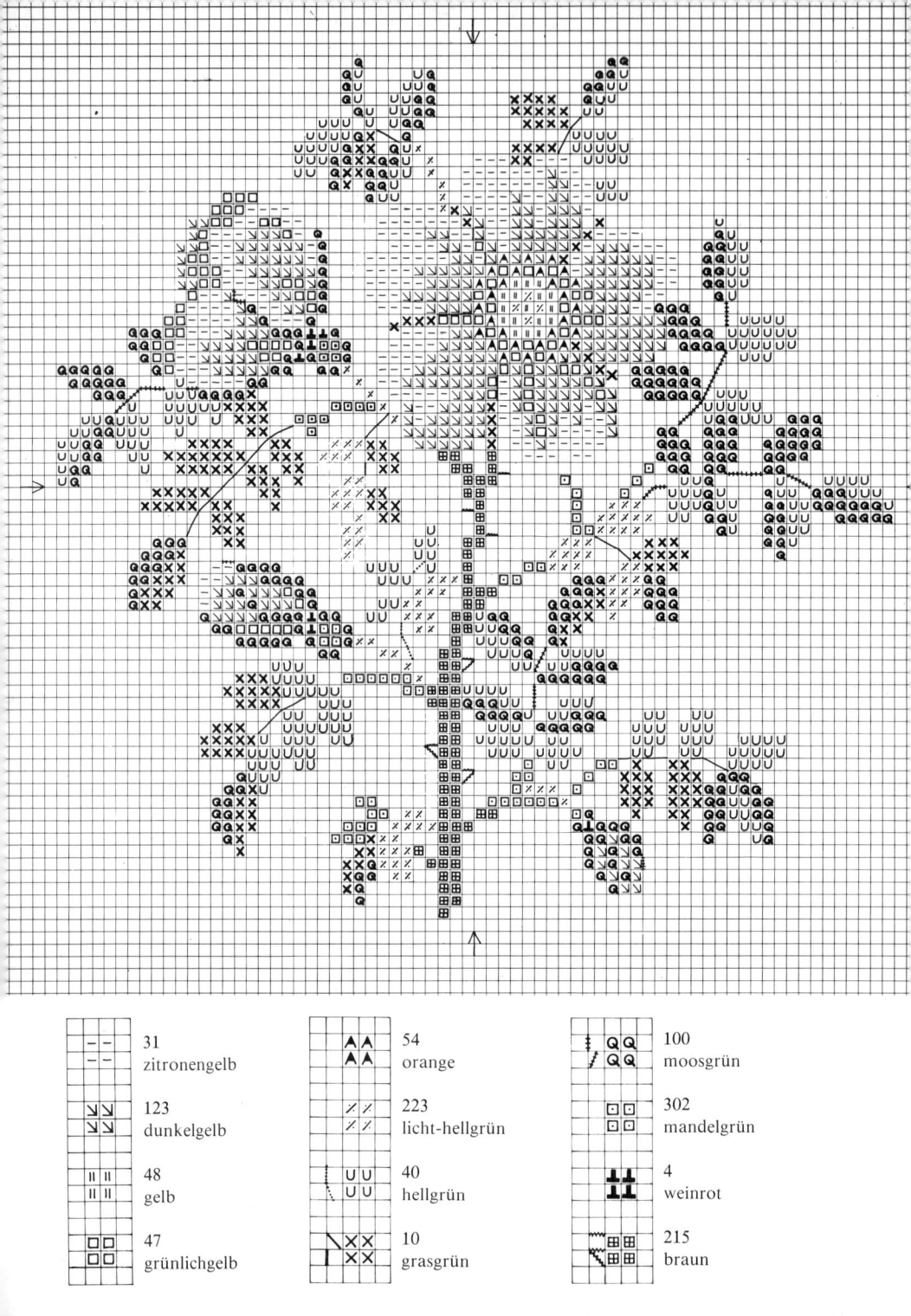

Pater Hugh Scallons Rose
Rosa hugonis

14
dunkel-ziegelrot

213
rehbraun

12
hell-ziegelrot

Zimt-Rose
Rosa cinnamomea

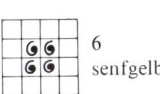 6
senfgelb

Wein-Rose-Hybride
Rosa eglanteria hybrida

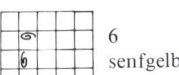 6
senfgelb

Hundsrose
Rosa canina

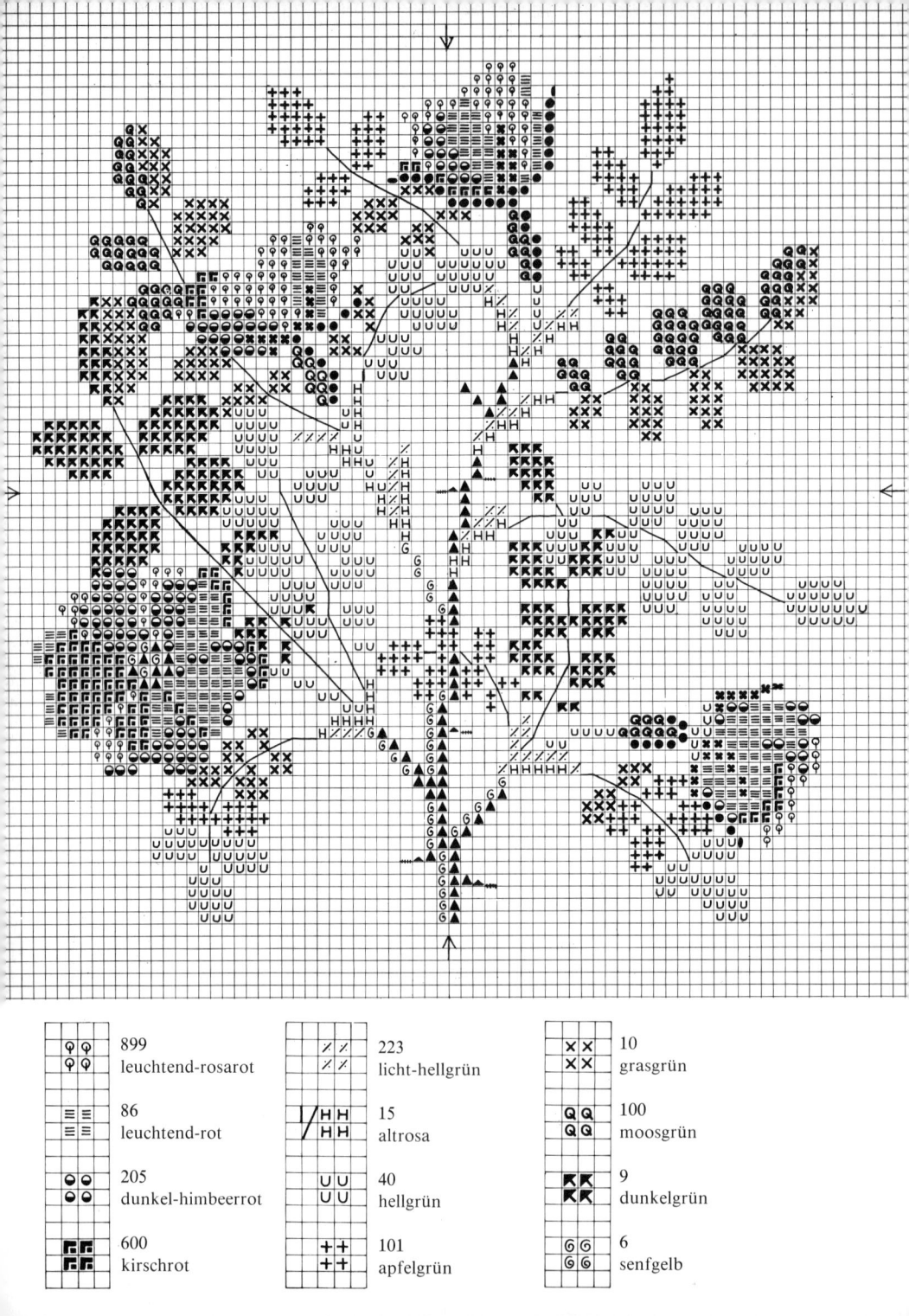

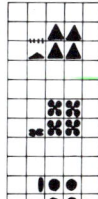

216
dunkelbraun

212
olivgrün

206
dunkel-olivgrün

Moyes Rose
Rosa moyesii

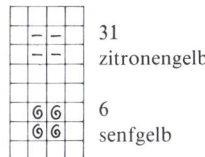

31
zitronengelb

6
senfgelb

Wein-Rose
Rosa eglanteria

33

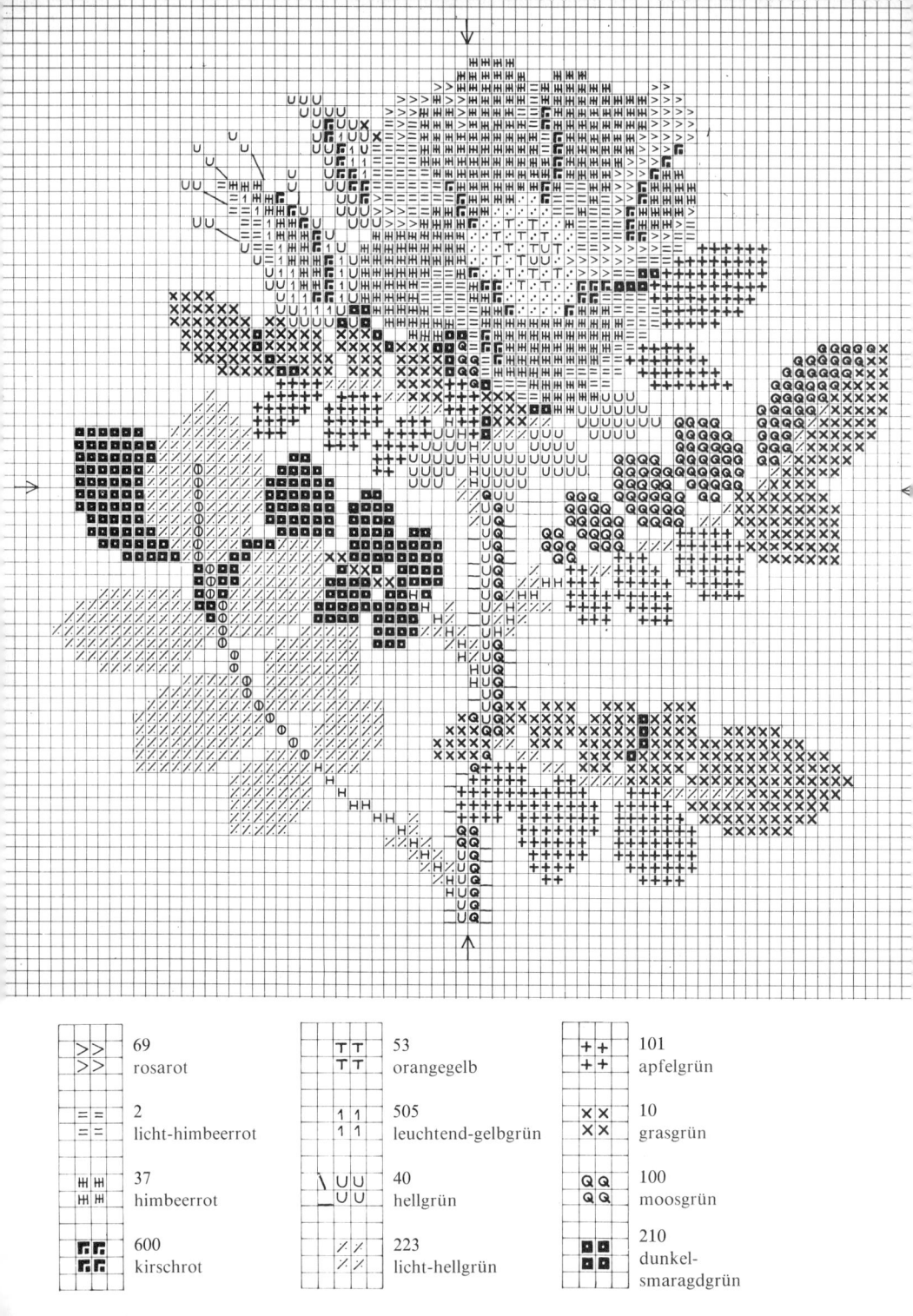

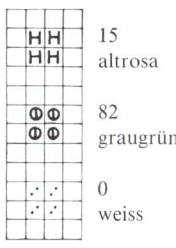

15
altrosa

82
graugrün

0
weiss

Kartoffel-Rose
Rosa rugosa

35

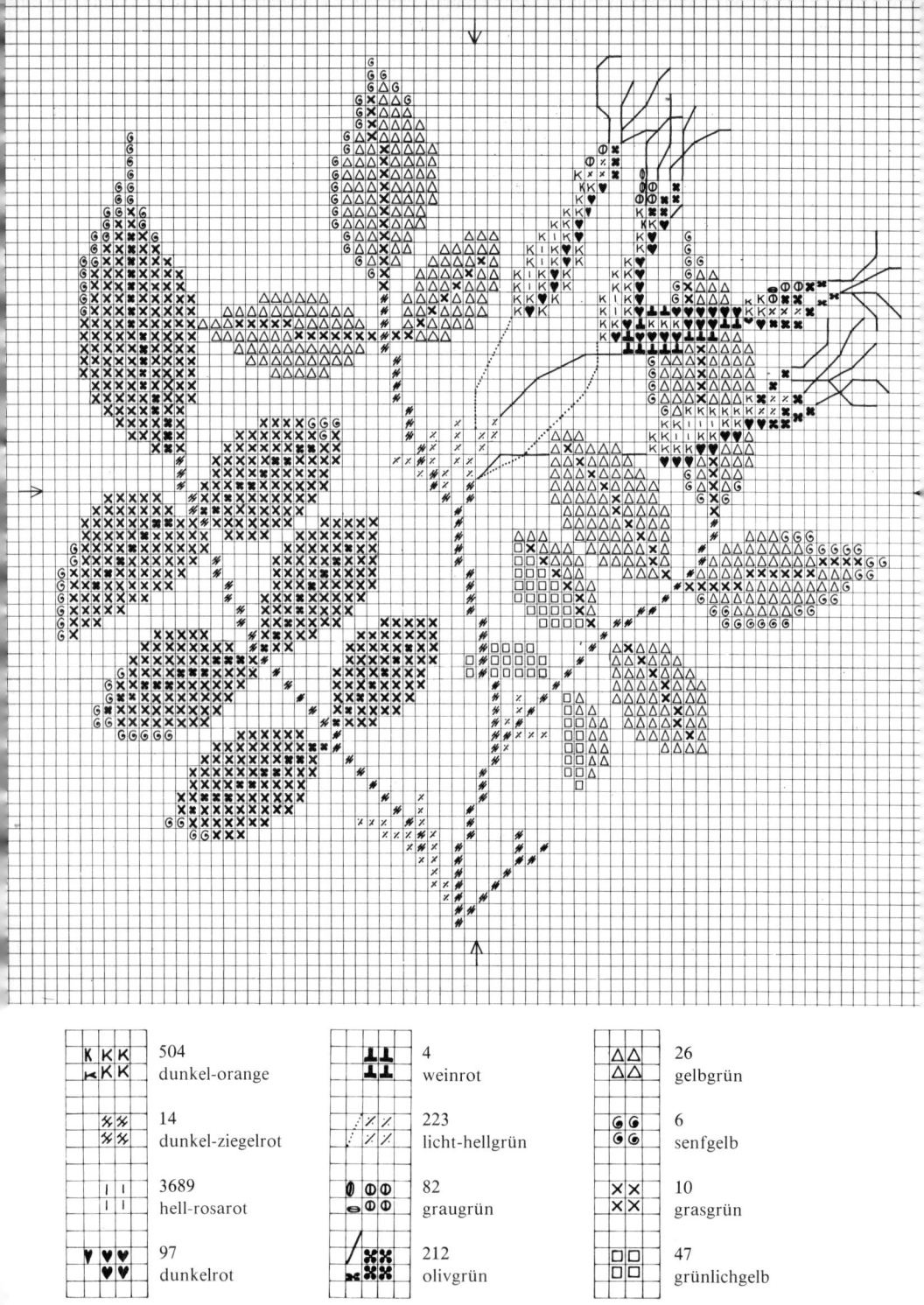

Pater Davids Rose
Rosa davidii

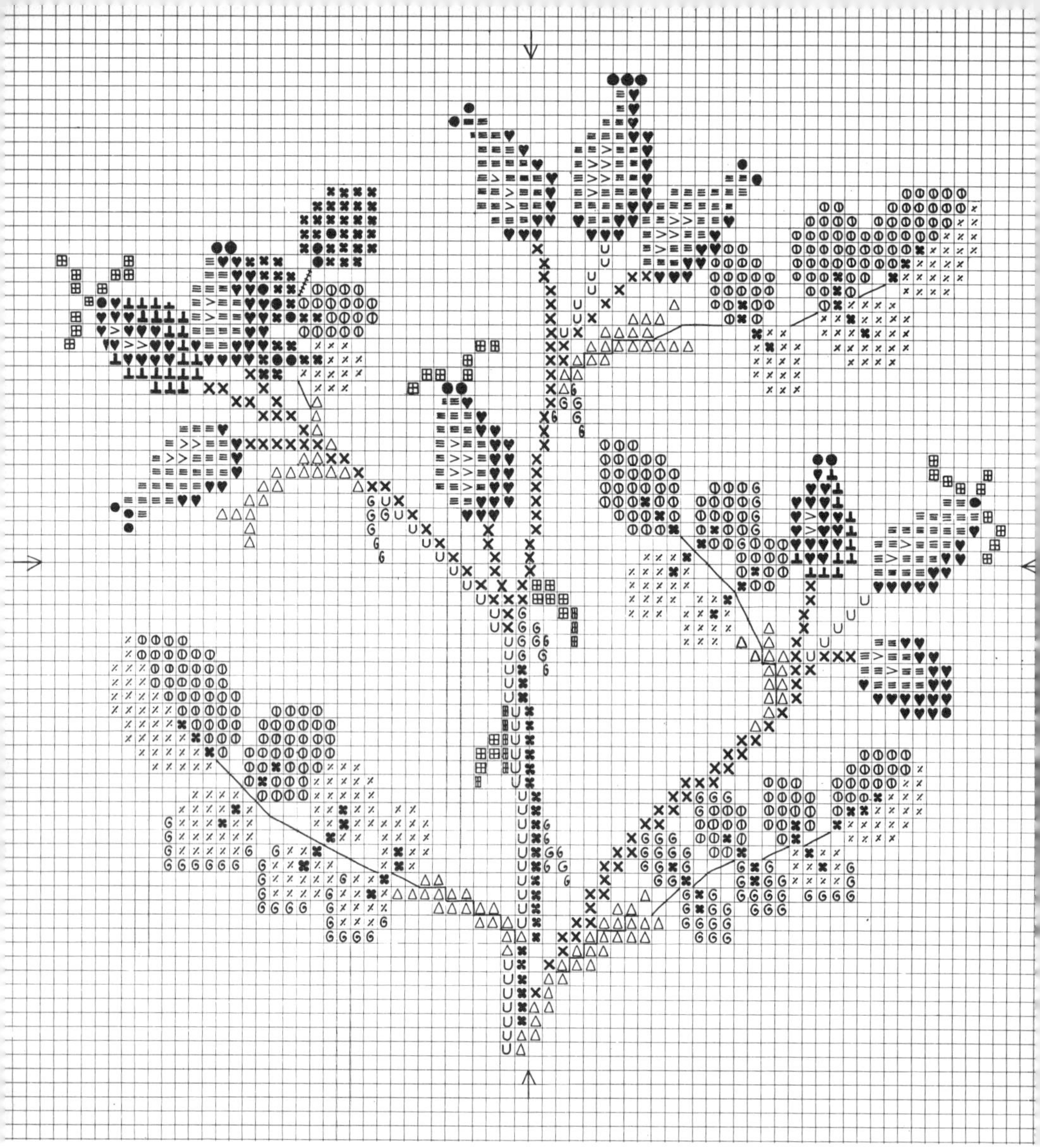

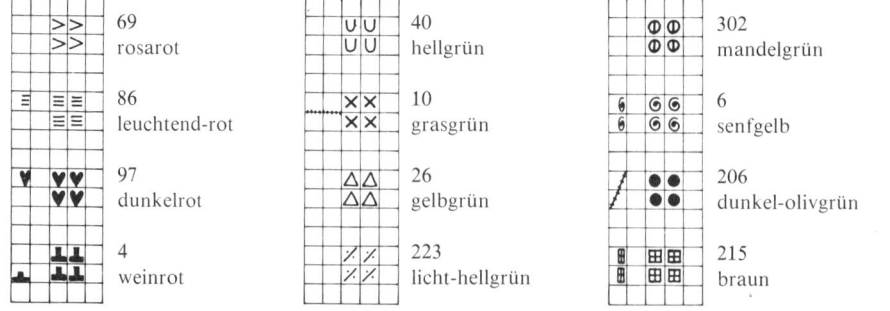

69 rosarot	40 hellgrün	302 mandelgrün
86 leuchtend-rot	10 grasgrün	6 senfgelb
97 dunkelrot	26 gelbgrün	206 dunkel-olivgrün
4 weinrot	223 licht-hellgrün	215 braun

 212 olivgrün

Wein-Rose
Rosa eglanteria

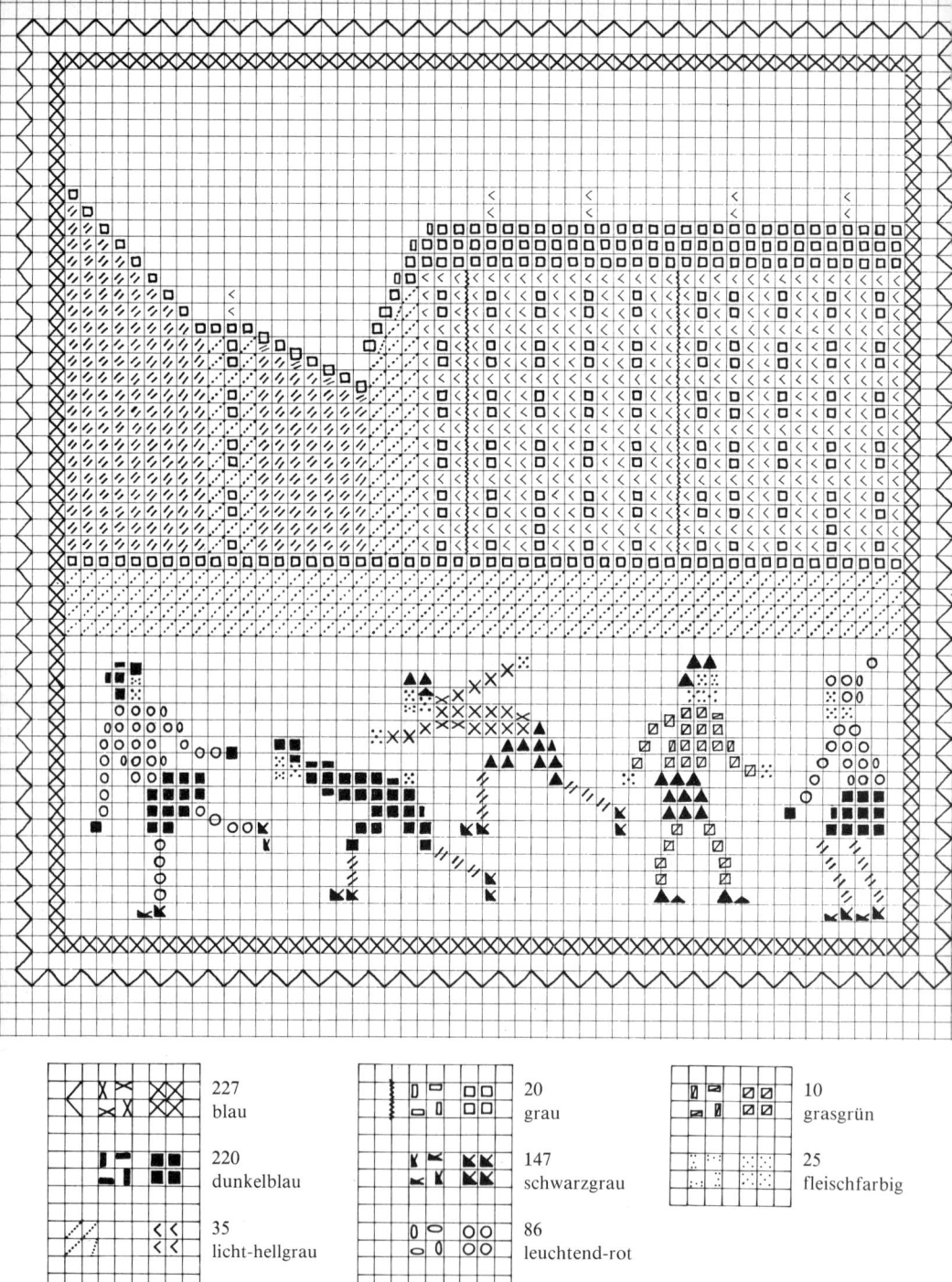

Schlittschuhlaufen

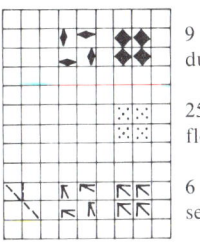

9
dunkelgrün

25
fleischfarbig

6
senfgelb

Seilspringen

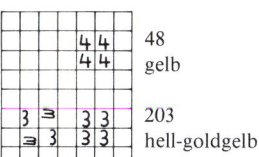

48
gelb

203
hell-goldgelb

Aprilregen

 203
hell-goldgelb

Sonntagsausfahrt

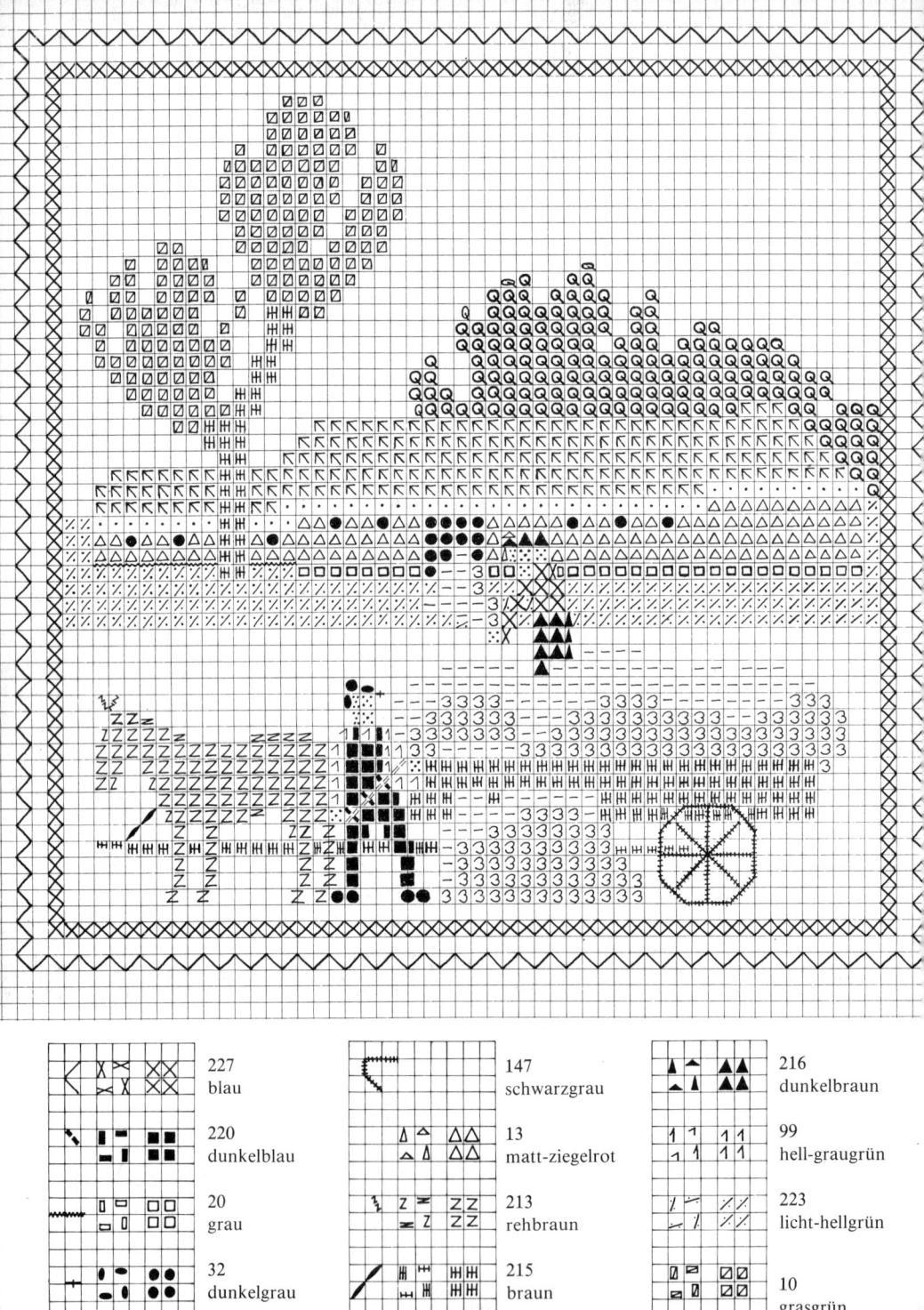

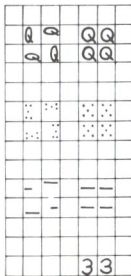 100 moosgrün
25 fleischfarbig
16 blass-hellgelb
203 hell-goldgelb

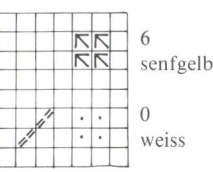 6 senfgelb
0 weiss

Ernte

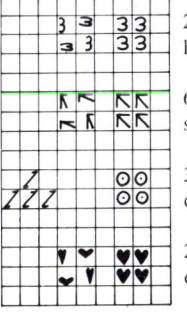

203
hell-goldgelb

6
senfgelb

34
dunkel-senfgelb

212
olivgrün

Pflügen

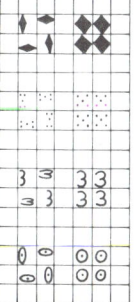 9
dunkelgrün

25
fleischfarbig

203
hell-goldgelb

34
dunkel-senfgelb

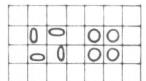 86
leuchtend-rot

Pilze sammeln

53

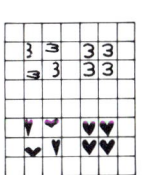 203
hell-goldgelb

212
olivgrün

Herbststurm

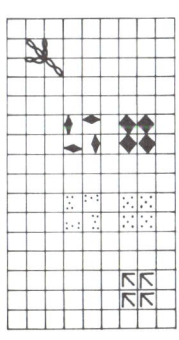

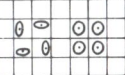

100
moosgrün

9
dunkelgrün

25
fleischfarbig

6
senfgelb

34
dunkel-senfgelb

Weihnachtsbäume

57

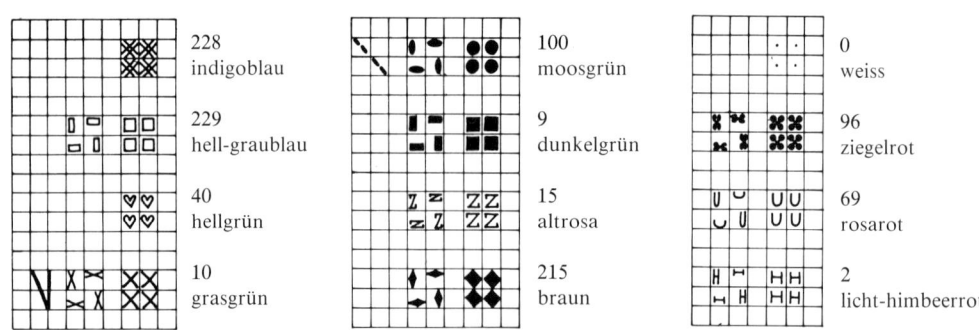

	228 indigoblau		100 moosgrün		0 weiss
	229 hell-graublau		9 dunkelgrün		96 ziegelrot
	40 hellgrün		15 altrosa		69 rosarot
	10 grasgrün		215 braun		2 licht-himbeerrot

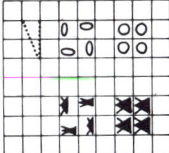

37
himbeerrot

97
dunkelrot

Indische Azalee (1)
Azalea indica

Alpenveilchen (2)
Cyclamen

Gemeiner Efeu (3)
Hedera Helix

Schneeglöckchen (4)
Galanthus nivalis

Kletter-Feigenbaum (5)
Ficus pumila

228
indigoblau

229
hell-graublau

23
lavendelblau

27
hellviolett

5
violett

48
gelb

34
dunkel-senfgelb

10
grasgrün

100
moosgrün

9
dunkelgrün

96
ziegelrot

69
rosarot

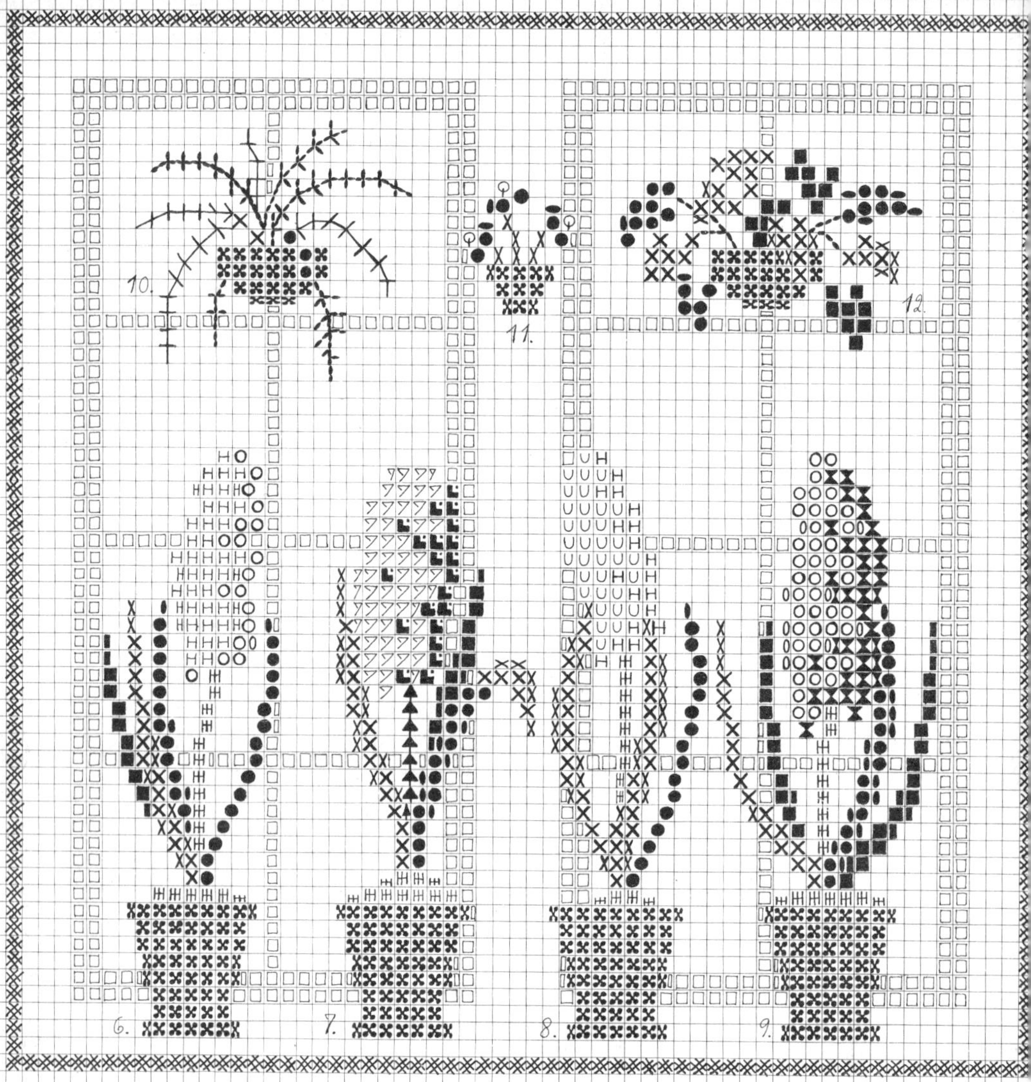

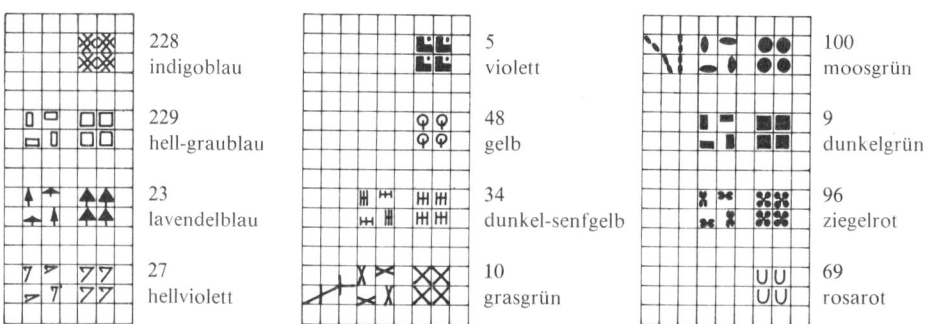

2
licht-himbeerrot

37
himbeerrot

205
dunkel-himbeerrot

Hyazinthe (6–9)
Hyacinthus orientalis

Erhöhter Schwertfarn (10)
Nephrolepis exaltata

Winterling (11)
Eranthis

«Kind im Schoss» (12)
Tolmiea Menziesii

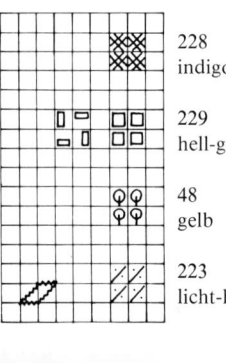
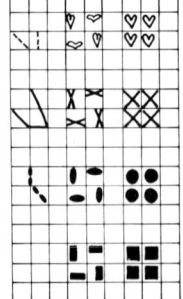
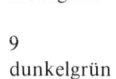
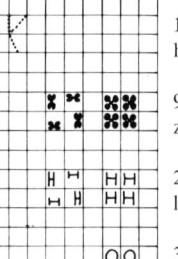

228 indigoblau	40 hellgrün	12 hell-ziegelrot
229 hell-graublau	10 grasgrün	96 ziegelrot
48 gelb	100 moosgrün	2 licht-himbeerrot
223 licht-hellgrün	9 dunkelgrün	37 himbeerrot

Fliederprimel (13)
Syringa primula
Primel (14)
Primula
Fliederprimel (15)
Syringa primula

Efeutute 16
Epipremnum aureum
Zwergpfeffer (17)
Peperomia
Weissblütige Dreimasterblume (18)
Tradescantia albiflora

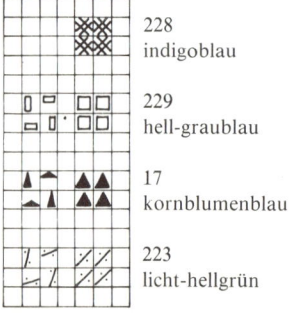 228 indigoblau
229 hell-graublau
17 kornblumenblau
223 licht-hellgrün

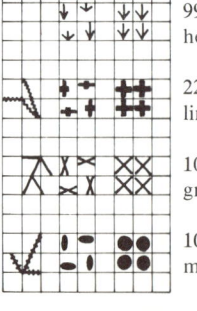 99 hell-graugrün
224 lindengrün
10 grasgrün
100 moosgrün

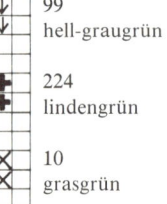 9 dunkelgrün
96 ziegelrot
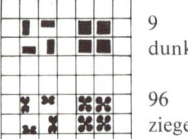 37 himbeerrot

Blutrotes Kreuzkraut (19)
Senecio cruentus

Blutrotes Kreuzkraut (20)
Senecio cruentus

Dichtblütiger Spargel (21)
Asparagus densiflorus

Grünlilie (22)
Chlorophytum

- 228 indigoblau
- 229 hell-graublau
- 31 zitronengelb
- 203 hell-goldgelb
- 223 licht-hellgrün
- 10 grasgrün
- 100 moosgrün
- 9 dunkelgrün
- 0 weiss
- 12 hell-ziegelrot
- 13 matt-ziegelrot
- 96 ziegelrot

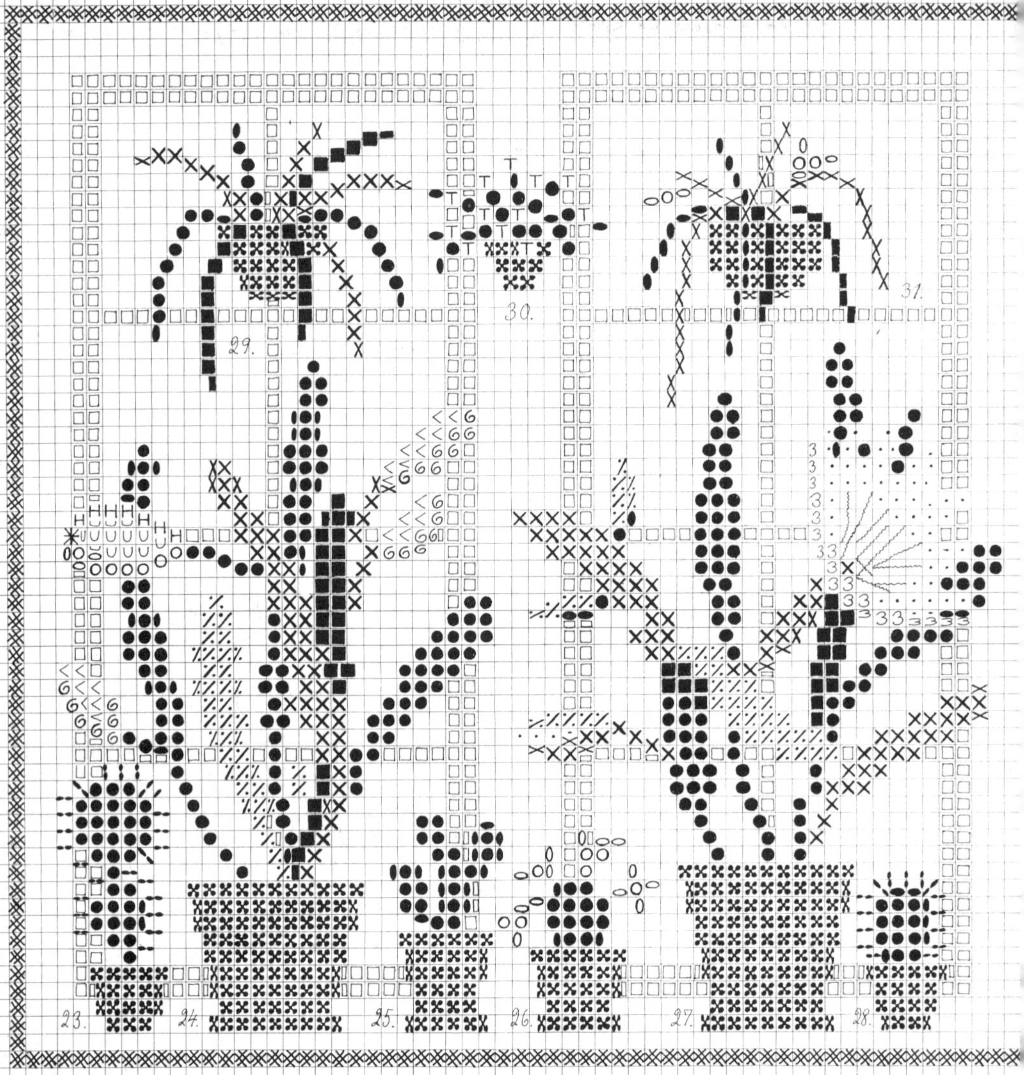

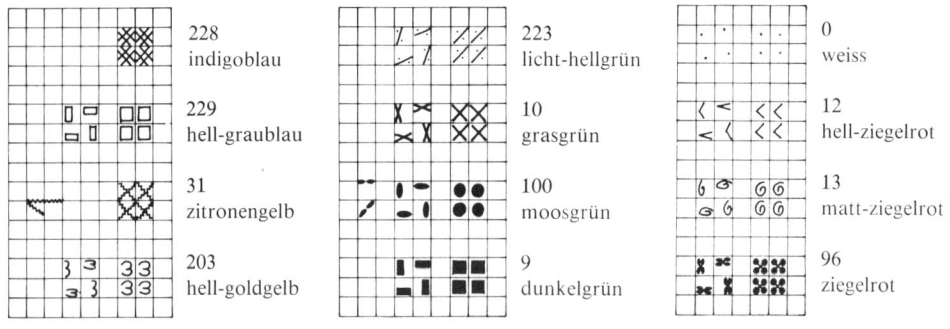

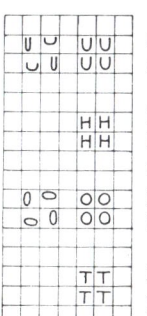 69 rosarot

2 licht-himbeer-rot

37 himbeerrot

3 pastell-rosarot

 88 dunkel-himbeerrot

Feigenkaktus (23) Opuntia

Blattkaktus (24) Epiphyllum

Blattkaktus (25) Epiphyllum

Wilder Kaktus (26) Ferocactus

Blattkaktus (27) Epiphyllum

Feigenkaktus (28) Opuntia

Peitschenkaktus (29) Aporocactus flagelliformis

«Deutsche Kaiserin» (30) Nopalxochia phyllanthoides

Peitschenkaktus (31) Aporocactus flagelliformis

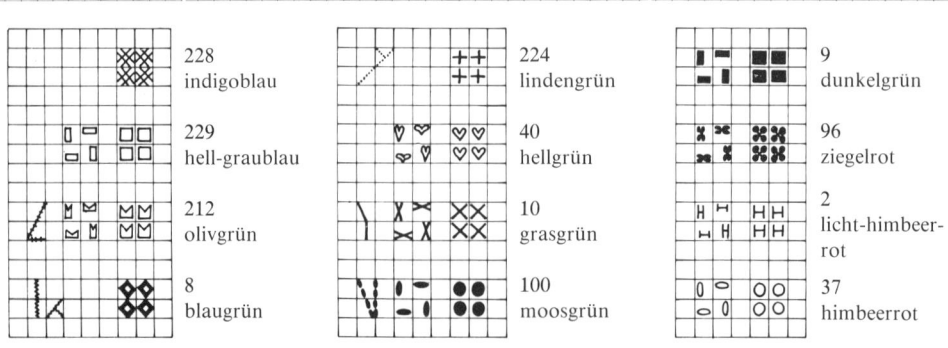

	228 indigoblau		224 lindengrün		9 dunkelgrün
	229 hell-graublau		40 hellgrün		96 ziegelrot
	212 olivgrün		10 grasgrün		2 licht-himbeer-rot
	8 blaugrün		100 moosgrün		37 himbeerrot

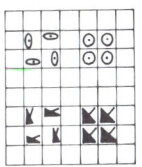

86
leuchtend-rot

4
weinrot

Geranium (32)
Pelargonium

Gemeiner Efeu (33)
Hedera helix

Geranium (34)
Pelargonium

Marmorierte Sinnblume (35)
Aeschynanhus marmoratus

Geranium (36)
Pelargonium

Weissblütige Dreimasterblume (37)
Tradescantia albiflora

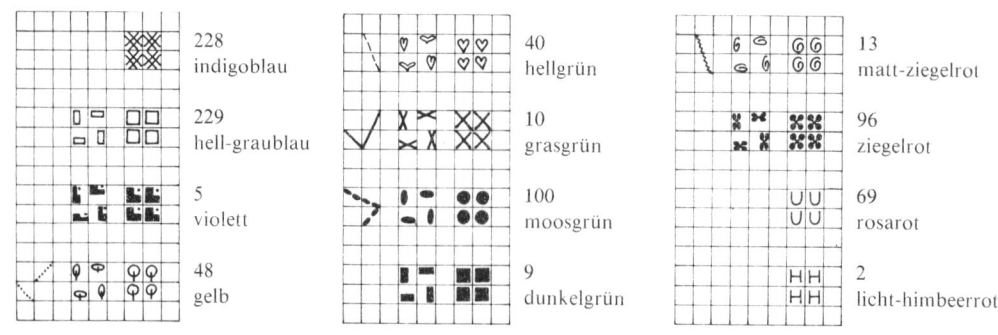

	228 indigoblau		40 hellgrün		13 matt-ziegelrot
	229 hell-graublau		10 grasgrün		96 ziegelrot
	5 violett		100 moosgrün		69 rosarot
	48 gelb		9 dunkelgrün		2 licht-himbeerrot

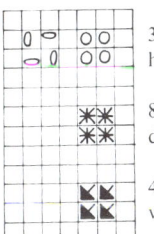

37
himbeerrot

88
dunkel-himbeerrot

4
weinrot

«Hopfenschwänzchen» (38)
Beloperone guttata

Usambaraveilchen (39)
Saintpaulia ionantha

Chinesischer Roseneibisch (40)
Hibiscus rosasinensis

Kriechender Steinbrech (41)
Saxifraga sarmentosa

Kapuzinerkresse (42)
Tropaeolum majus

Efeupelargonie (43)
Pelargonium peltatum

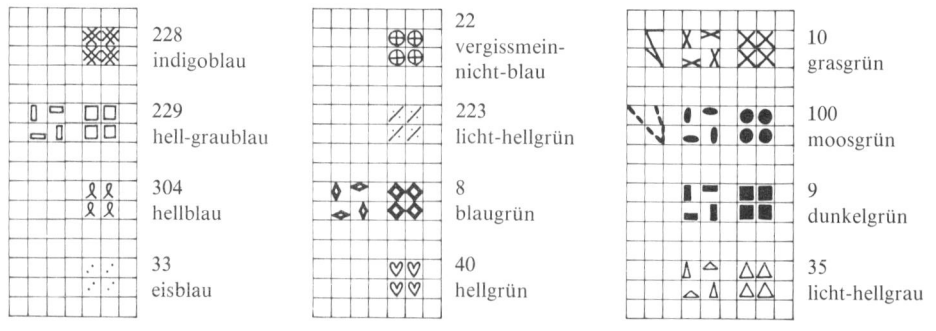

	228 indigoblau		22 vergissmein-nicht-blau		10 grasgrün
	229 hell-graublau		223 licht-hellgrün		100 moosgrün
	304 hellblau		8 blaugrün		9 dunkelgrün
	33 eisblau		40 hellgrün		35 licht-hellgrau

 96
ziegelrot

Leuchtendes Dickblatt (44)
Crassula lucens

Prunkwinde (45)
Ipomoea

Glänzende Echeverie (46)
Echeveria fulgens

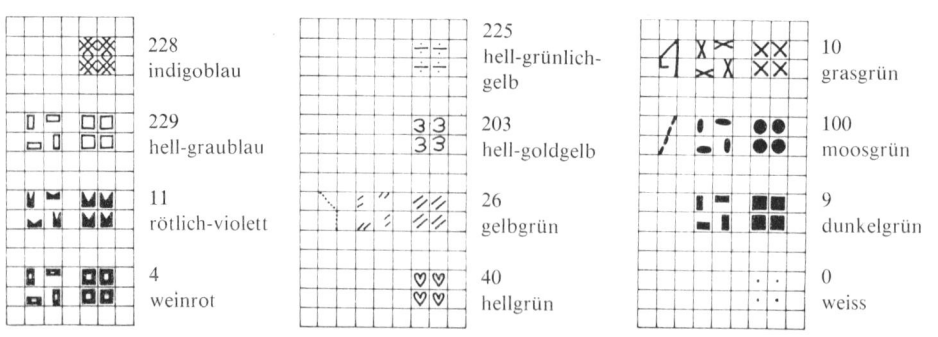

228	indigoblau
229	hell-graublau
11	rötlich-violett
4	weinrot
225	hell-grünlich-gelb
203	hell-goldgelb
26	gelbgrün
40	hellgrün
10	grasgrün
100	moosgrün
9	dunkelgrün
0	weiss

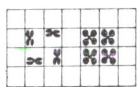
96
ziegelrot

Efeuaralie (47)
Fatshedera Lizei
Rhoeo spathacea (48)
Glockenwinde (49)
Cobaea scandens

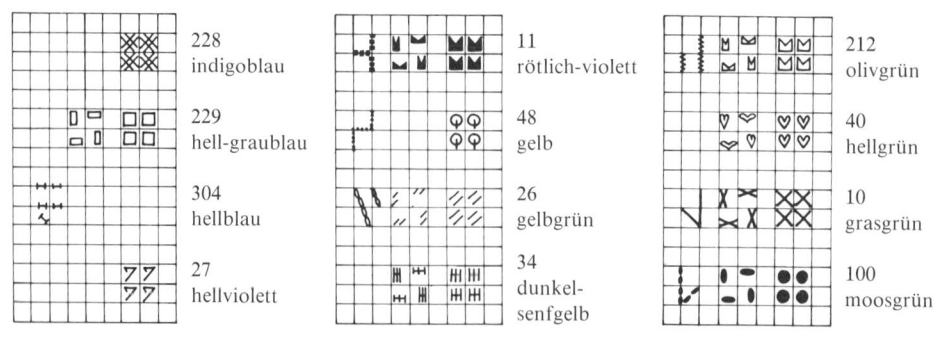

228 indigoblau	11 rötlich-violett	212 olivgrün
229 hell-graublau	48 gelb	40 hellgrün
304 hellblau	26 gelbgrün	10 grasgrün
27 hellviolett	34 dunkel-senfgelb	100 moosgrün

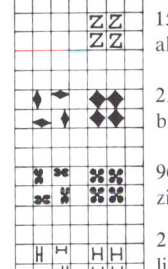

15	altrosa
215	braun
96	ziegelrot
2	licht-himbeerrot
37	himbeerrot
3	pastell-rosarot

Passionsblume (50)
Passiflora

Harfenstrauch (51)
Coleus

Edle Sanchezie (52)
Sanchezia nobilis

228 indigoblau

229 hell-graublau

26 gelbgrün

40 hellgrün

10 grasgrün

100 moosgrün

9 dunkelgrün

15 altrosa

96 ziegelrot

2 licht-himbeerrot

37 himbeerrot

95 rübenfarbig

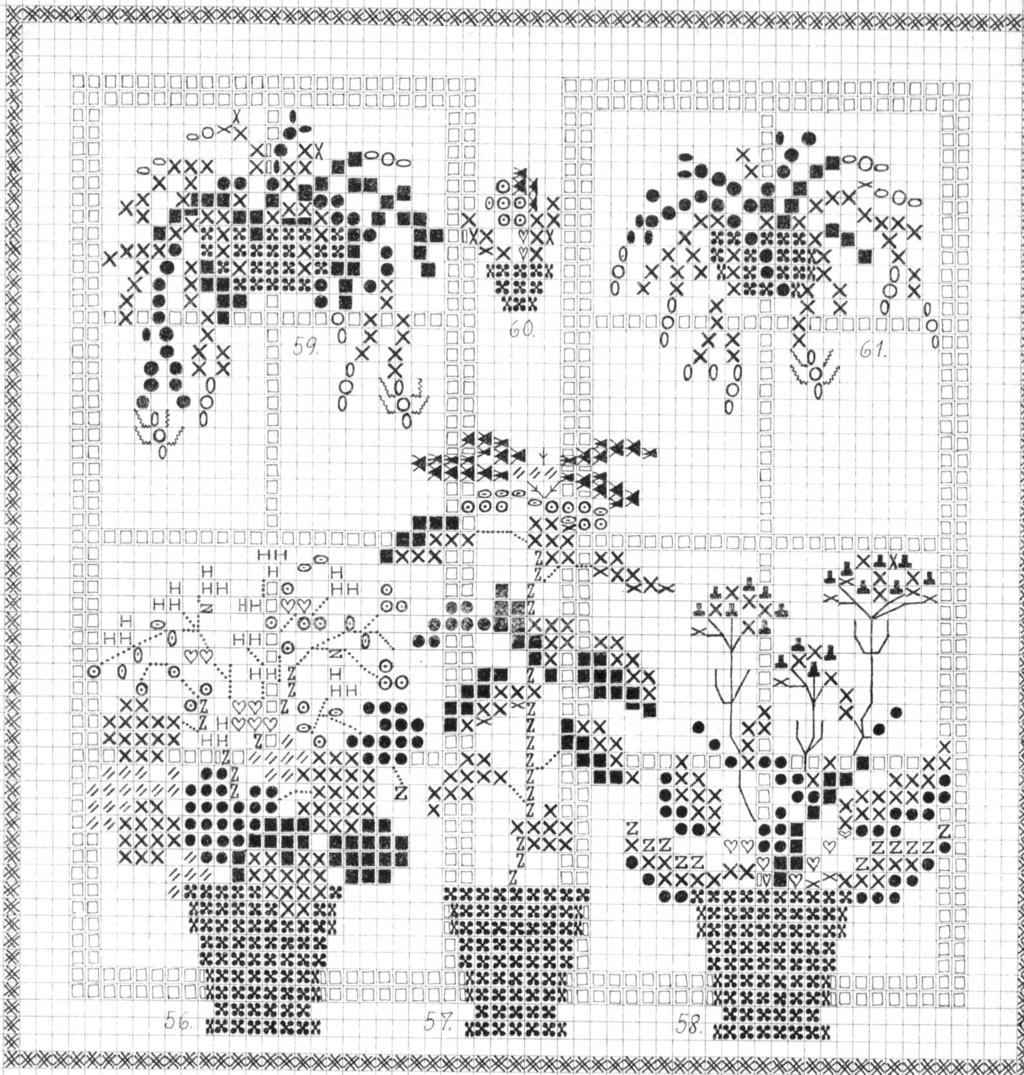

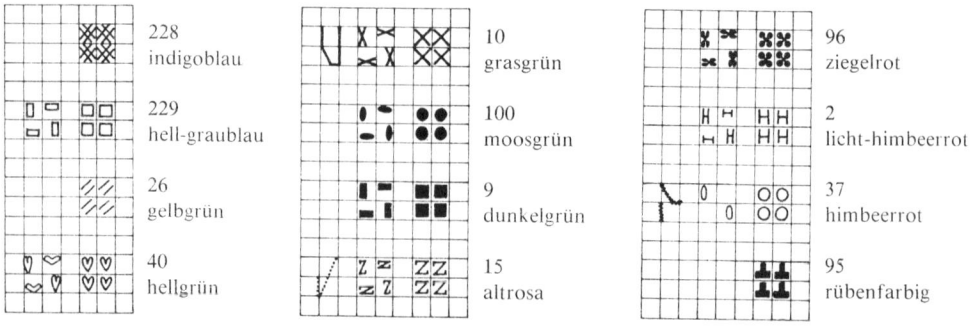

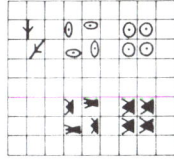

86
leuchtend-rot

97
dunkelrot

Lorrainebegonie (56)
Begoniacheimantha

Weihnachtsstern (57)
Euphorbia pulcherrima

«*Flammendes Käthchen*» (58)
Kalanchoe blassfeldiana

Weihnachtskaktus (59)
Schlumbergera truncata

Tulpe (60)
Tulipa gesneriana

Weihnachtskaktus (61)
Schlumbergera truncata

In Dänemark gedruckt bei Permild & Rosengreen

Feierlichkeiten
Gesticktes für große Feste und frohe Ereignisse

von Ursula Joka-Deubelius

Erschienen sind:

Kränze

Kleine Muster, große Feste

Leuchttürme und Enten

Weihnachten

Kinderträume Märchen

Deutschland (1)

Bestickte Bänder

Frühlingserwachen

Impressionen

Feierlichkeiten (gesticktes für große Feste und frohe Ereignisse)

IMPRESSUM
"Rund ums Sticken"
Verlags- und Handels GmbH,
Lilienstraße 43
4300 Essen-Bredeney - 1988
Druck: Klosinski, Iserlohn/W. Germany
1. Auflage 1988
Nachdruck und Vervielfältigung nur mit Genehmigung der Verfasserin.
Alle in diesem Buch veröffentlichten Modelle sind Entwürfe der Verfasserin.

X = mittelgrün
∠ = zartes hellgrün
o = dunkeloliv
H = weiß
∧ = sonnengelb
Steppstiche = zartes hellgrün
alle Steppstiche und
X = mittelgrün
II = mittelblau
< = himmelblau

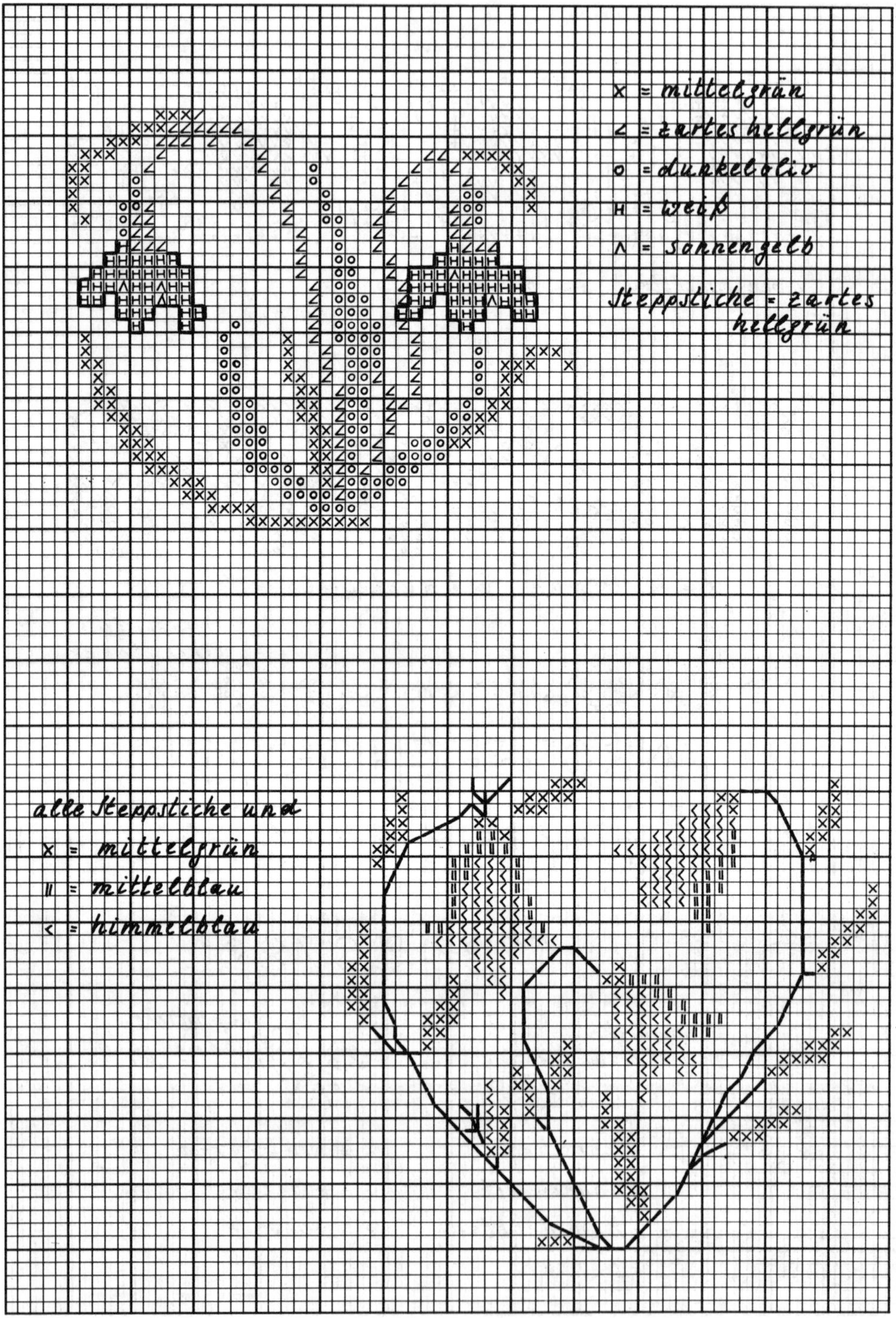

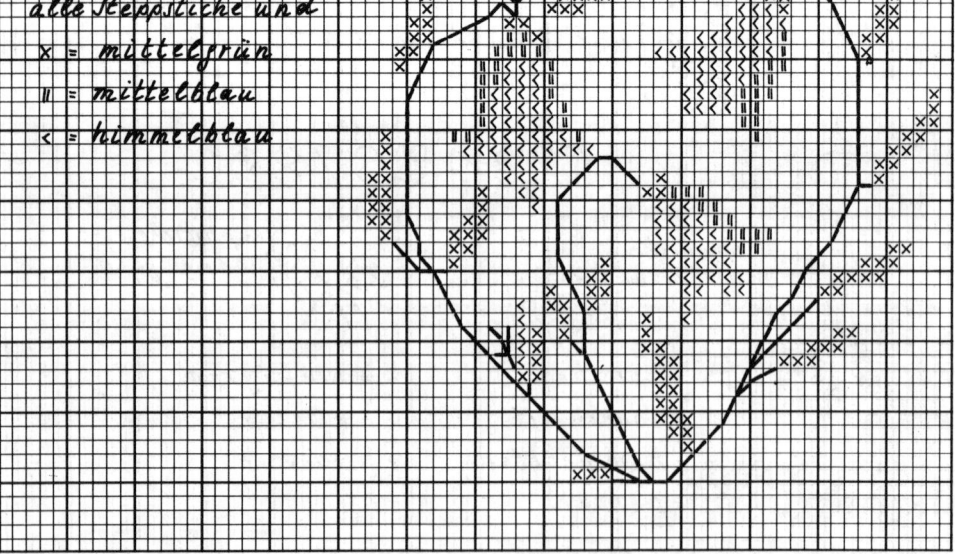

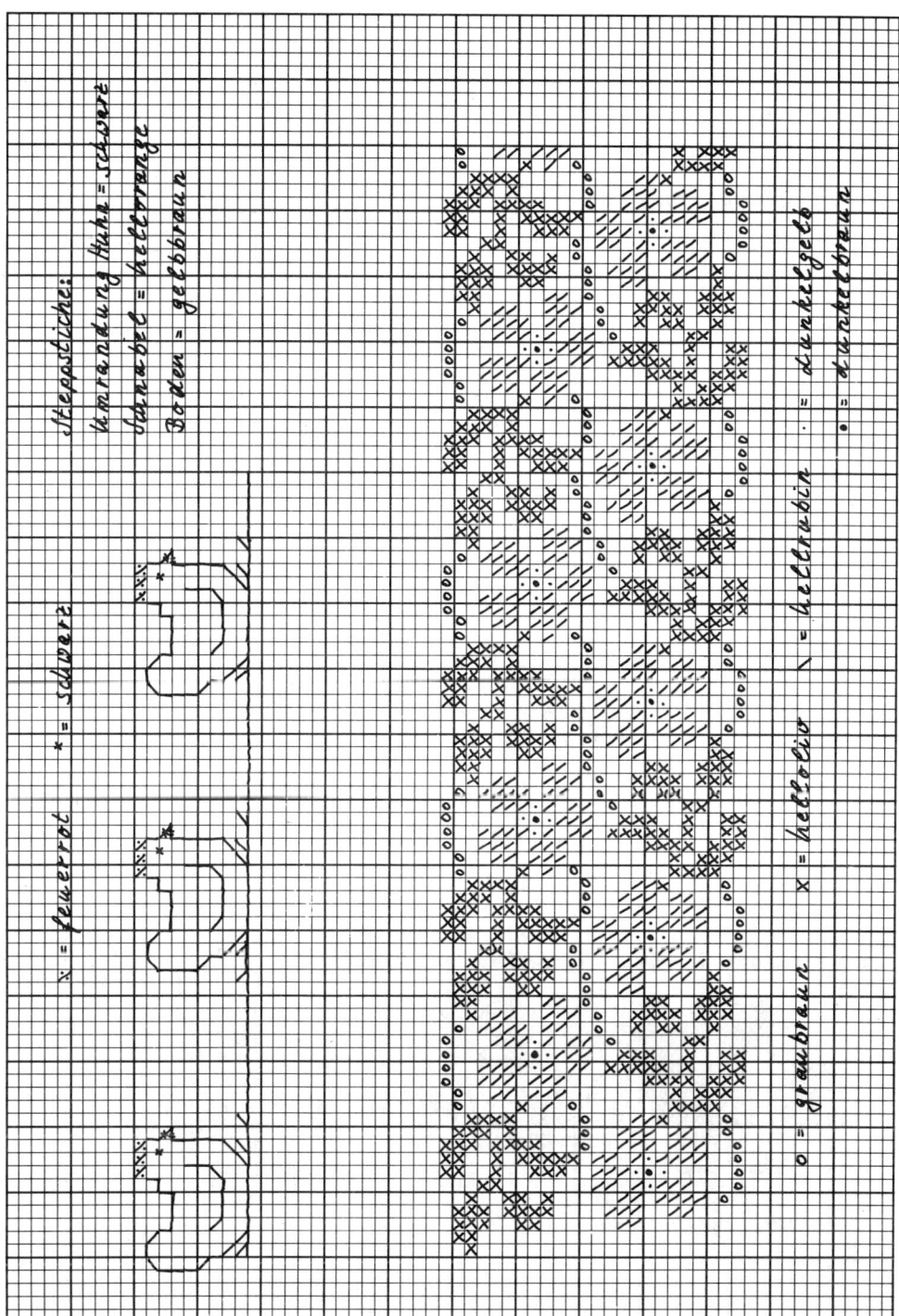

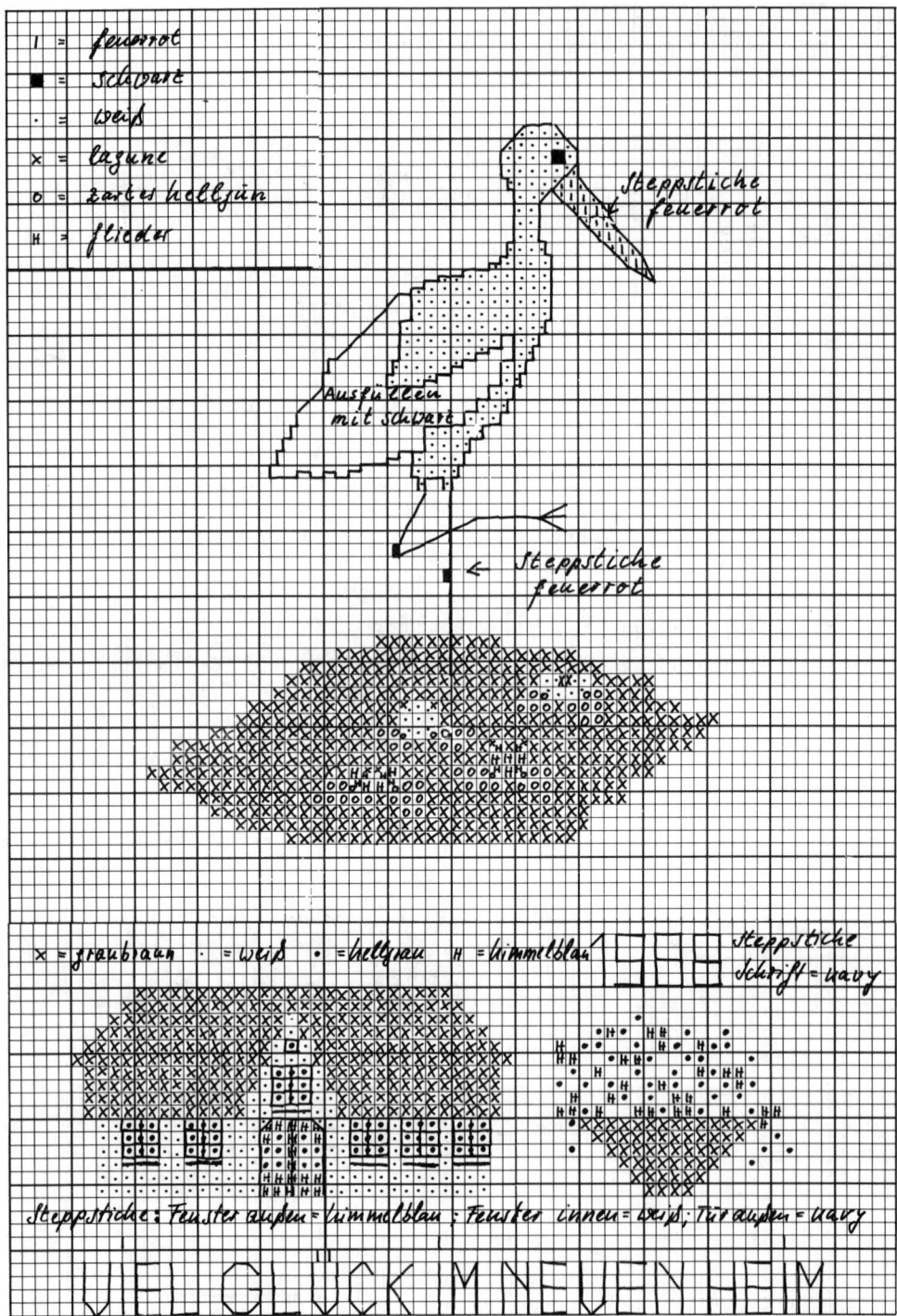

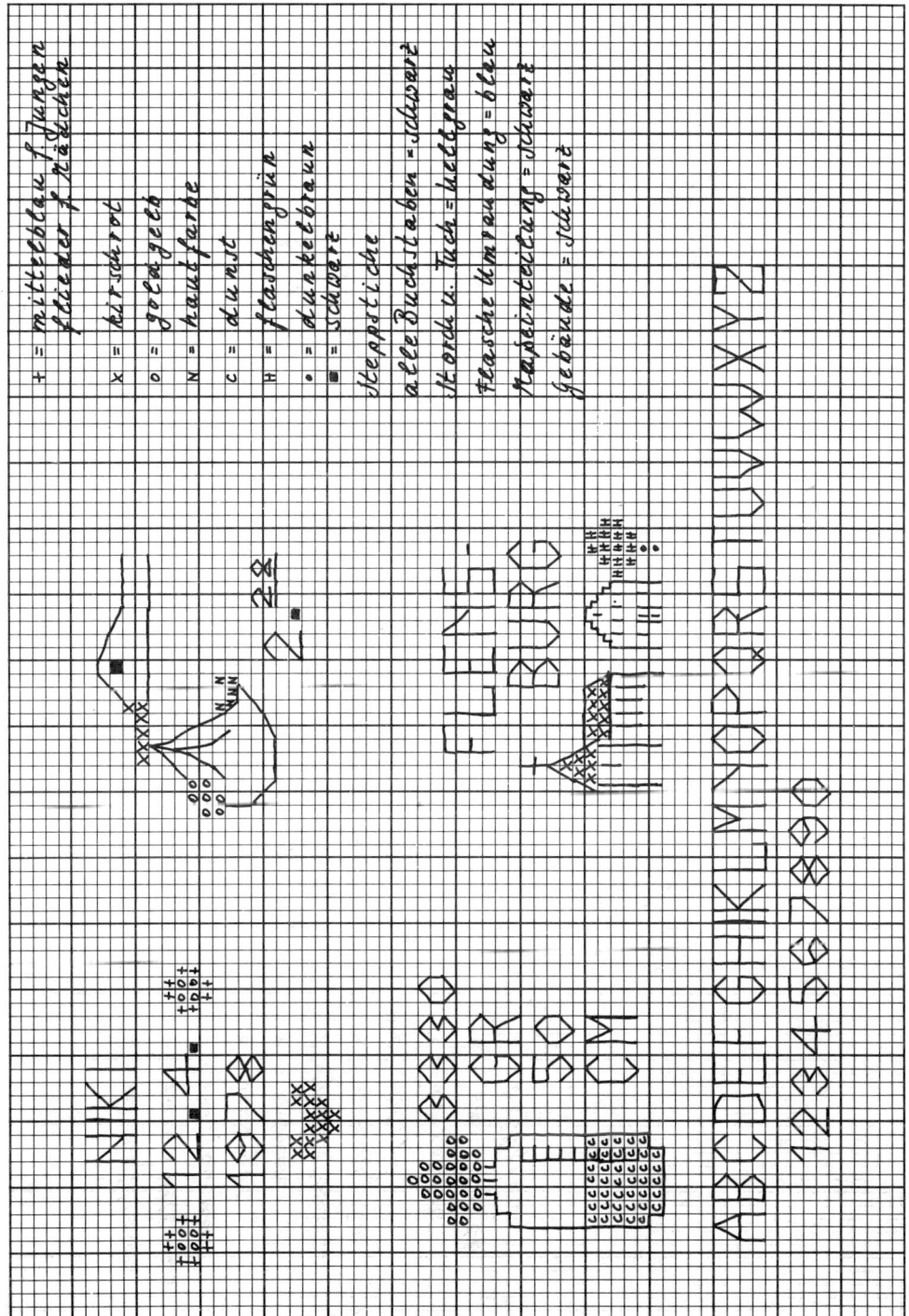

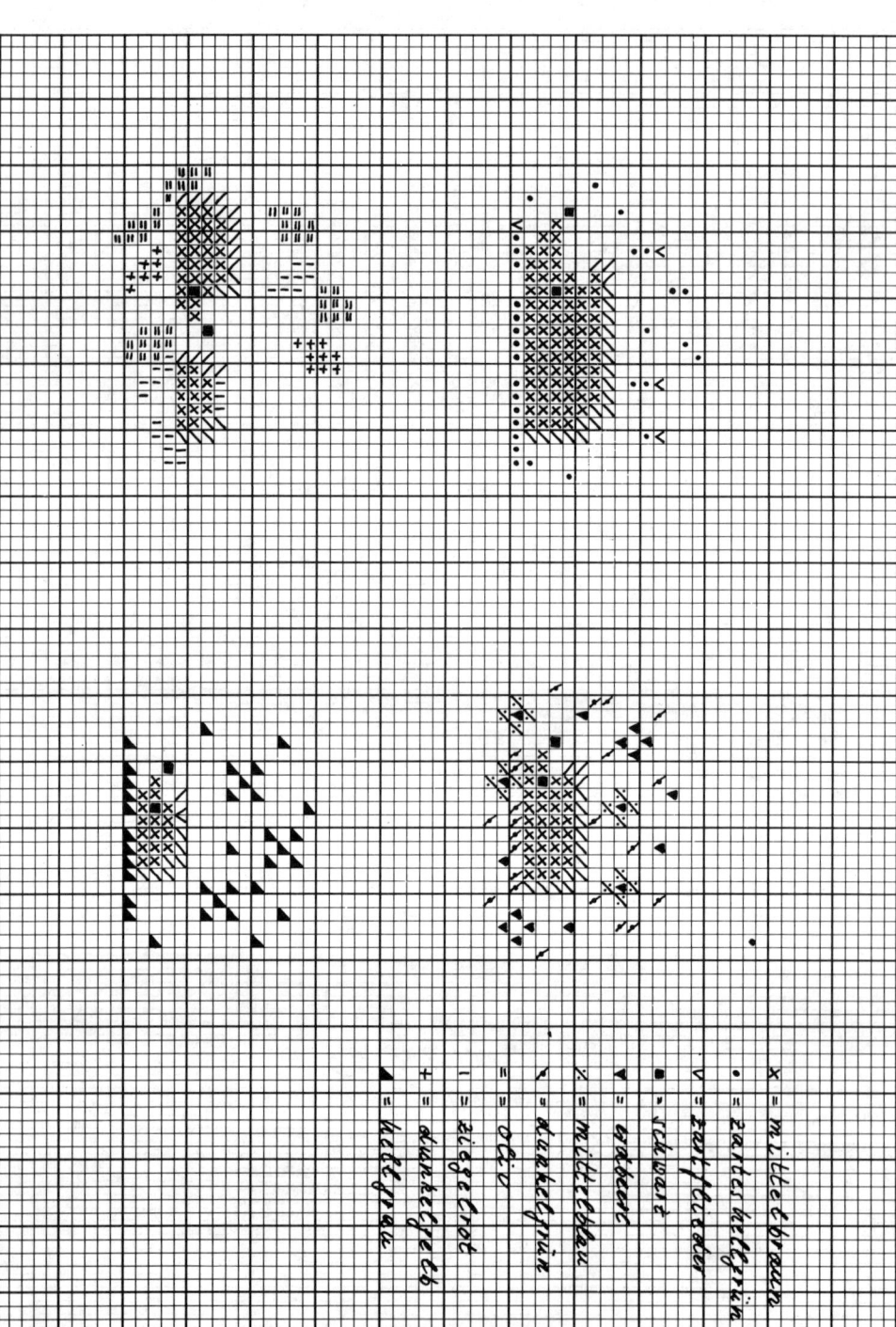

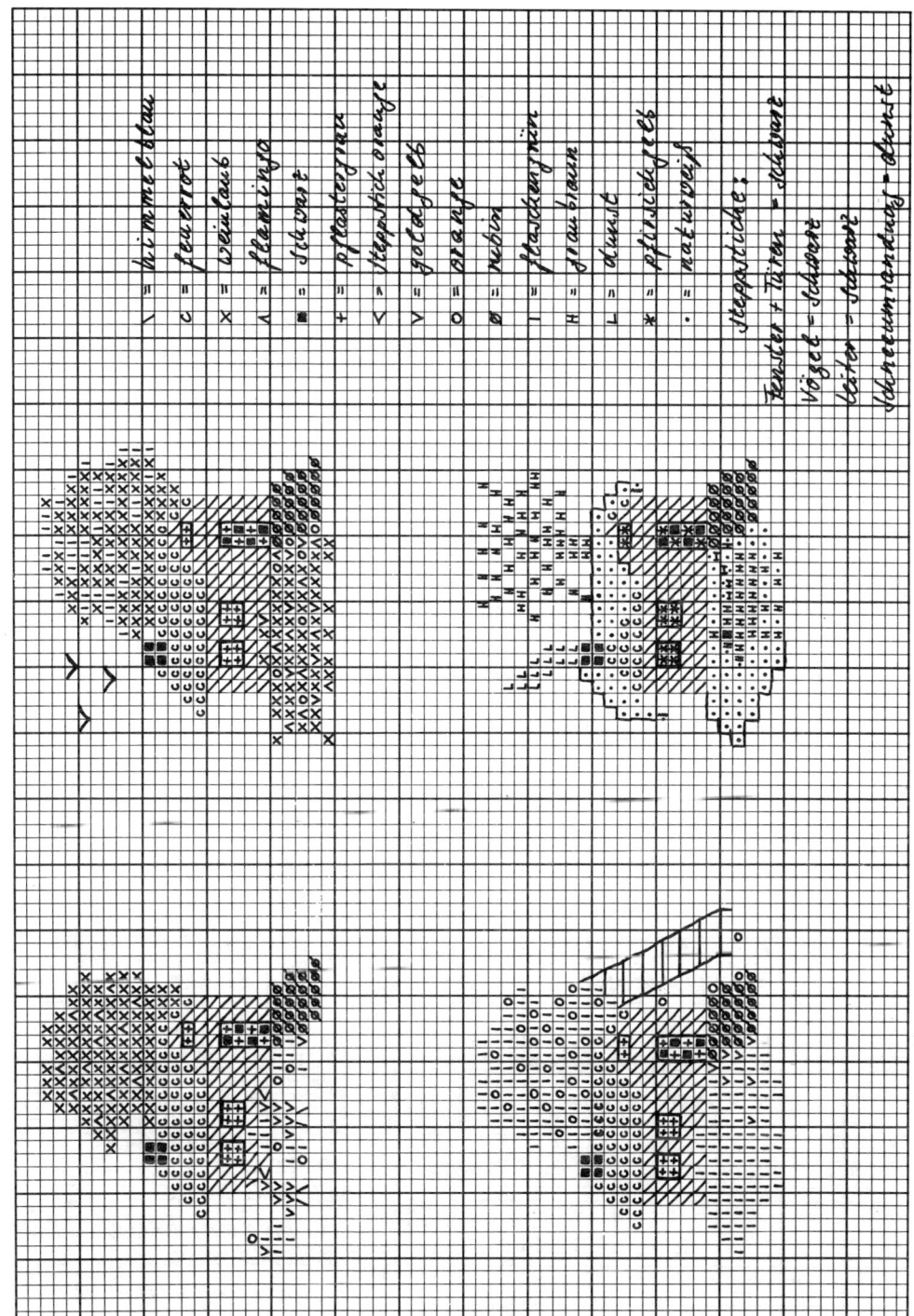

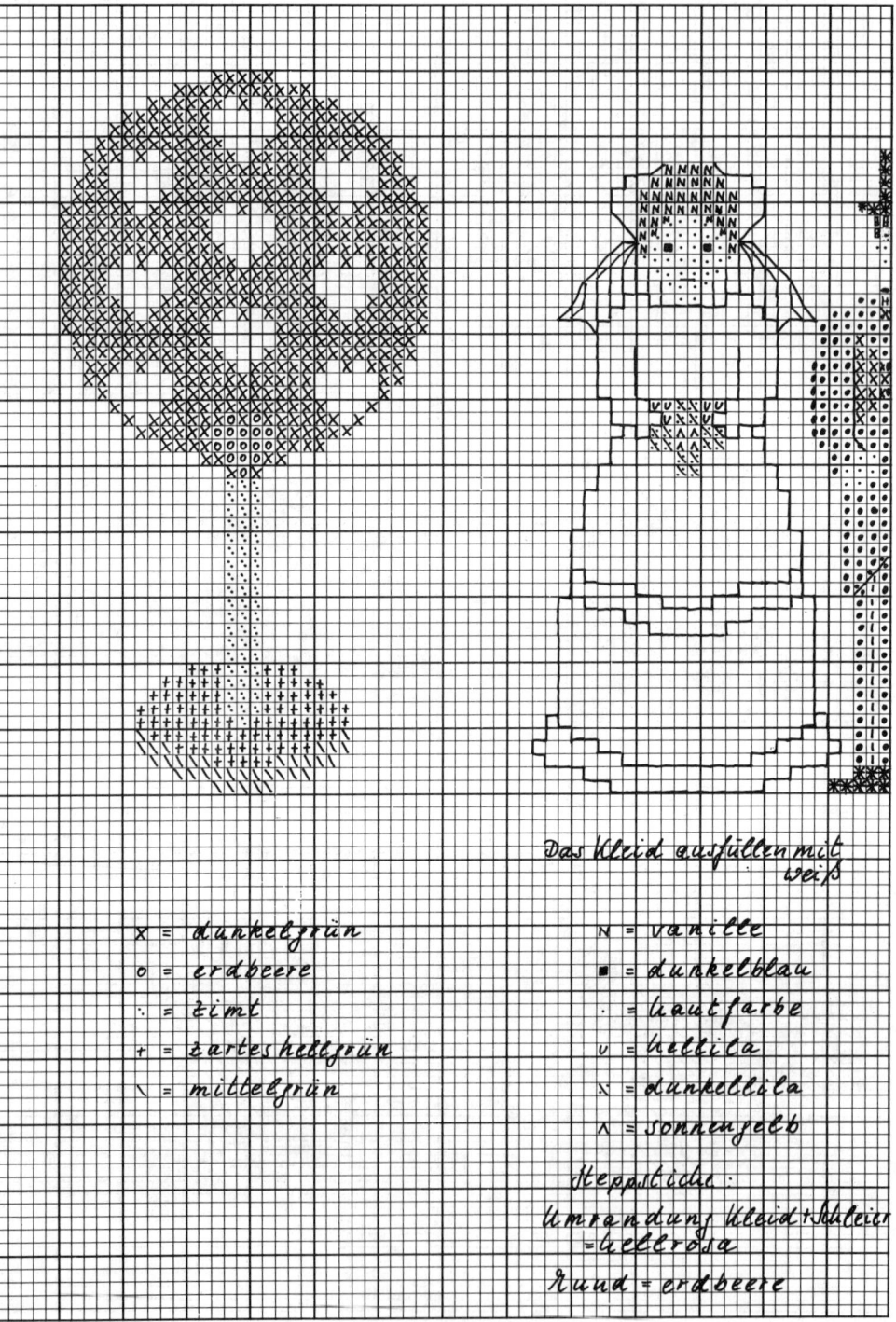

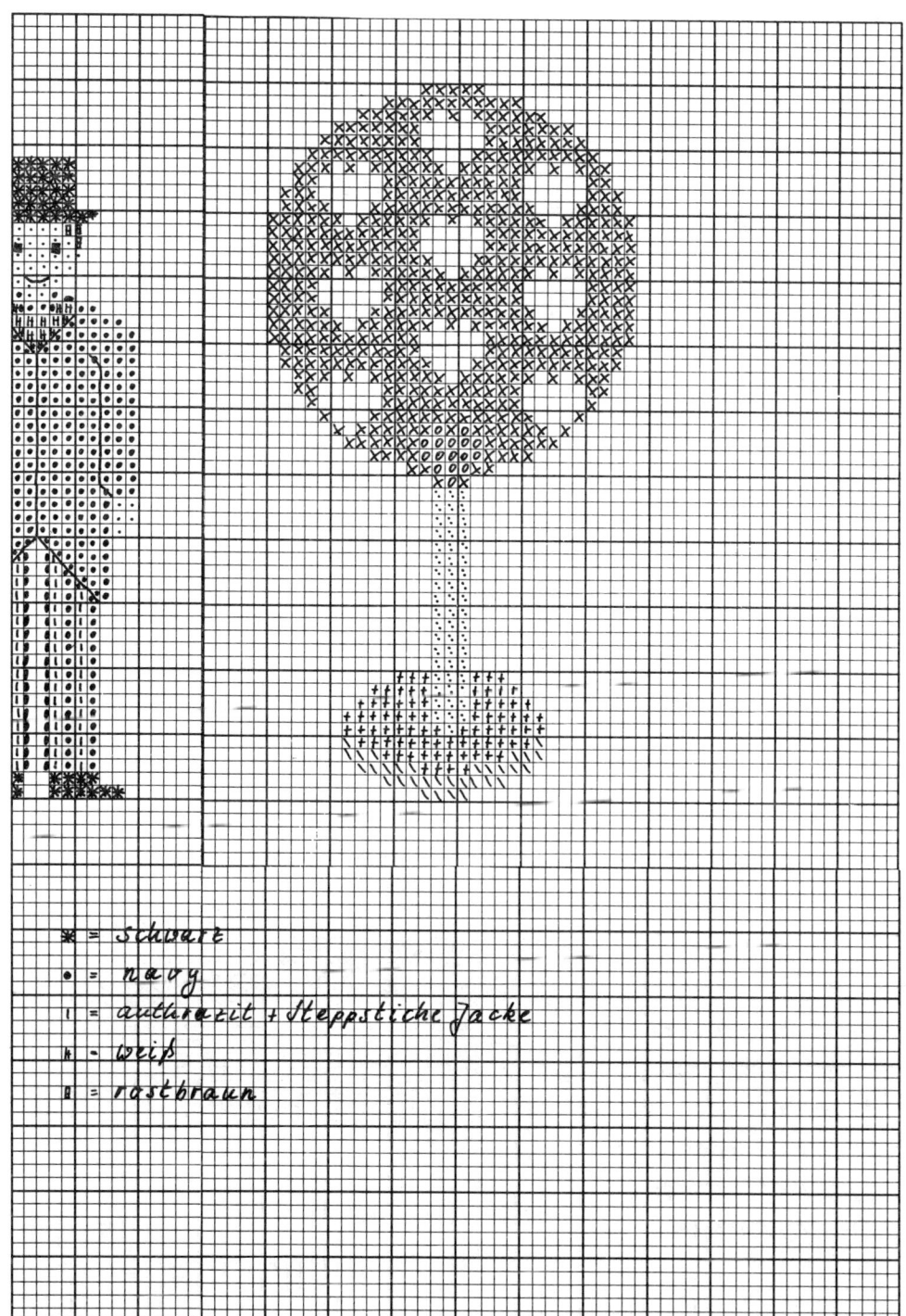

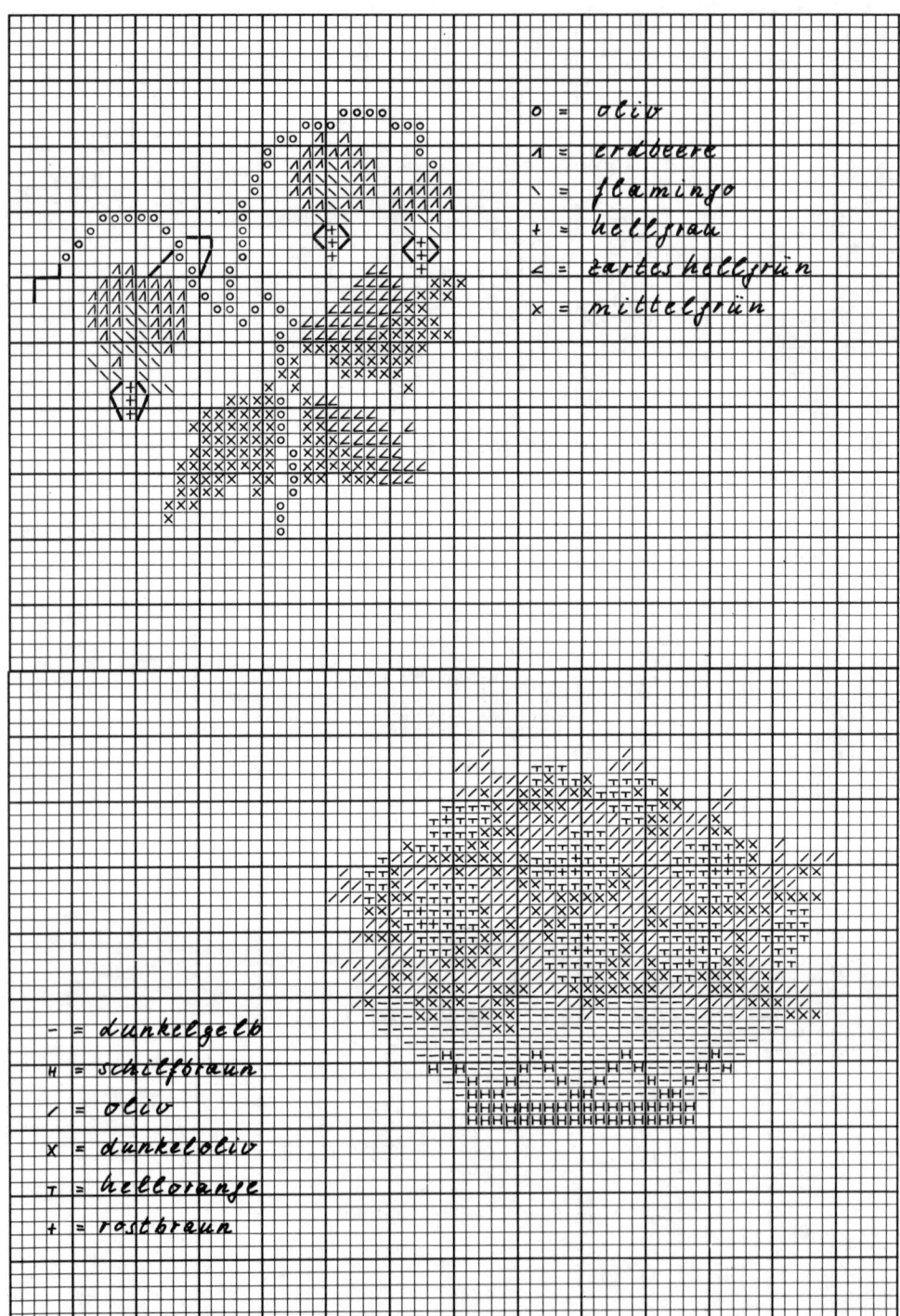

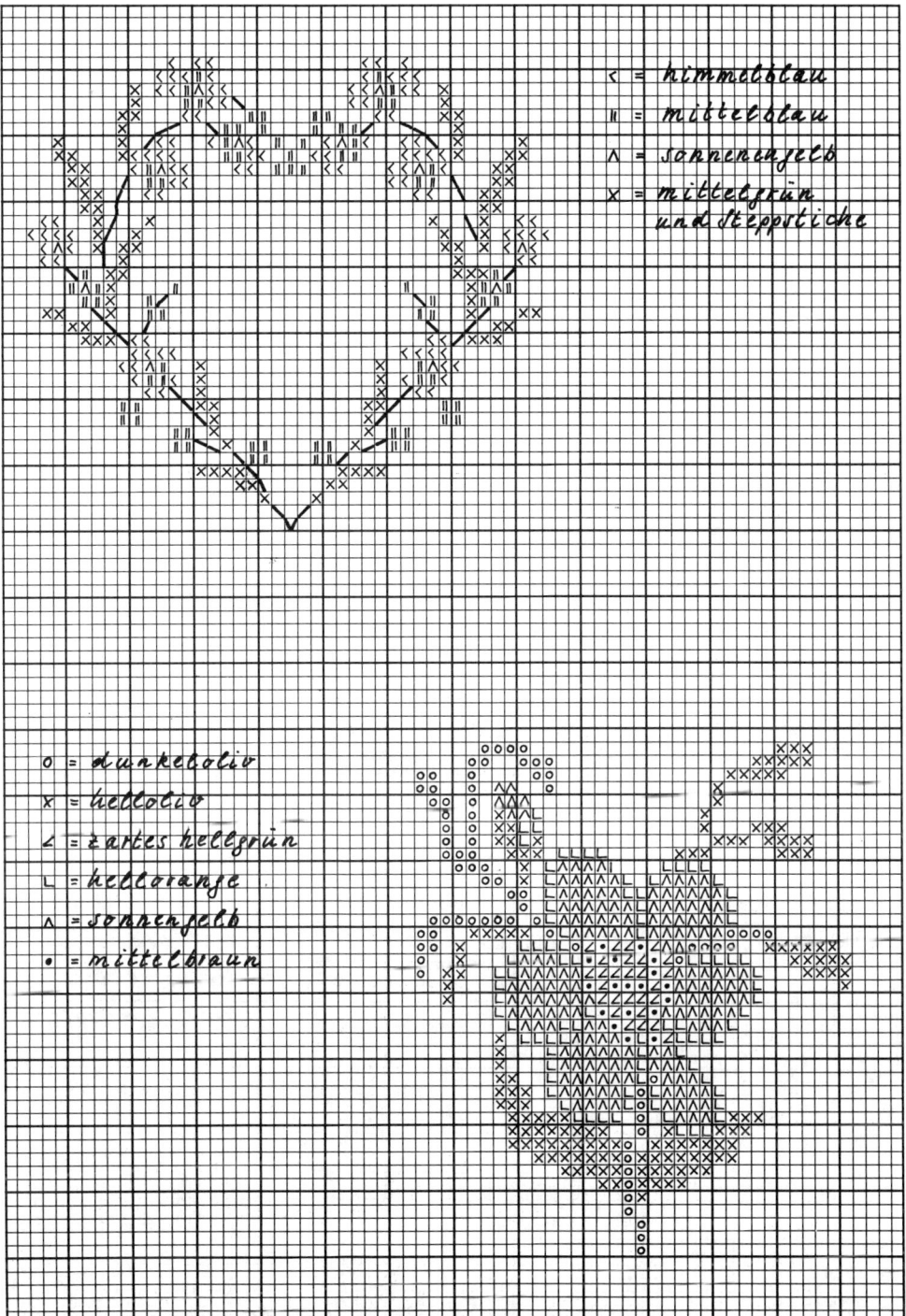

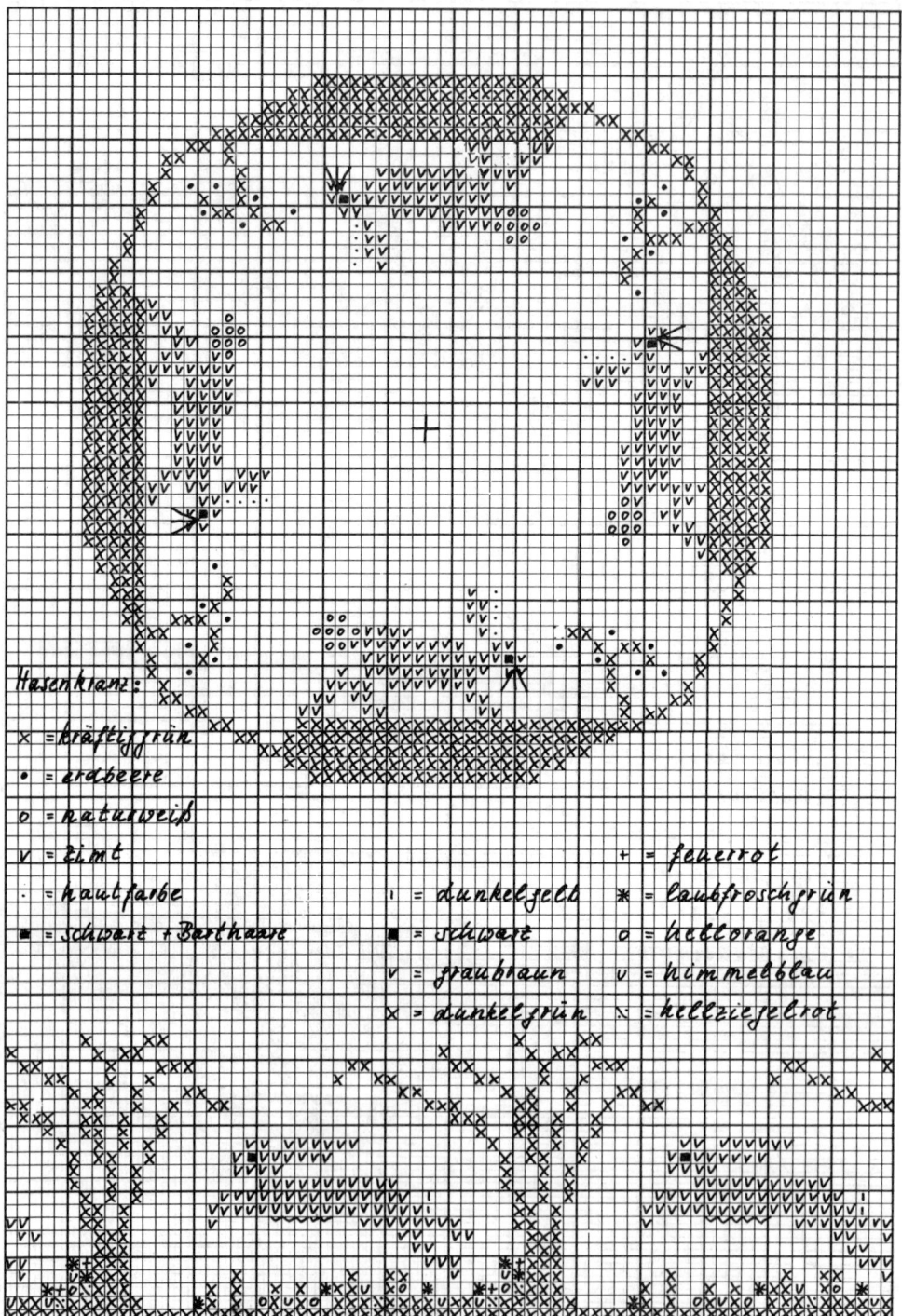

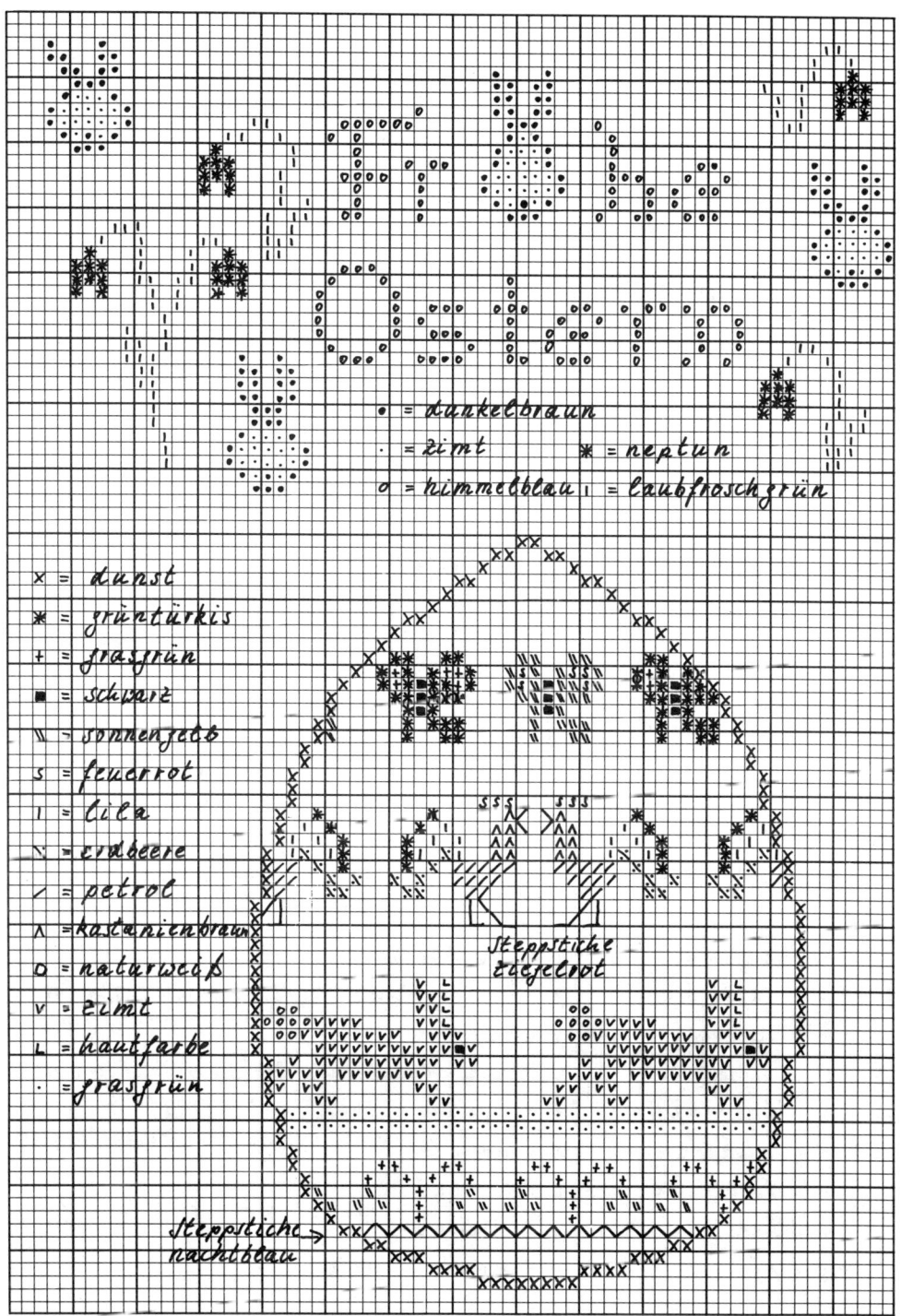

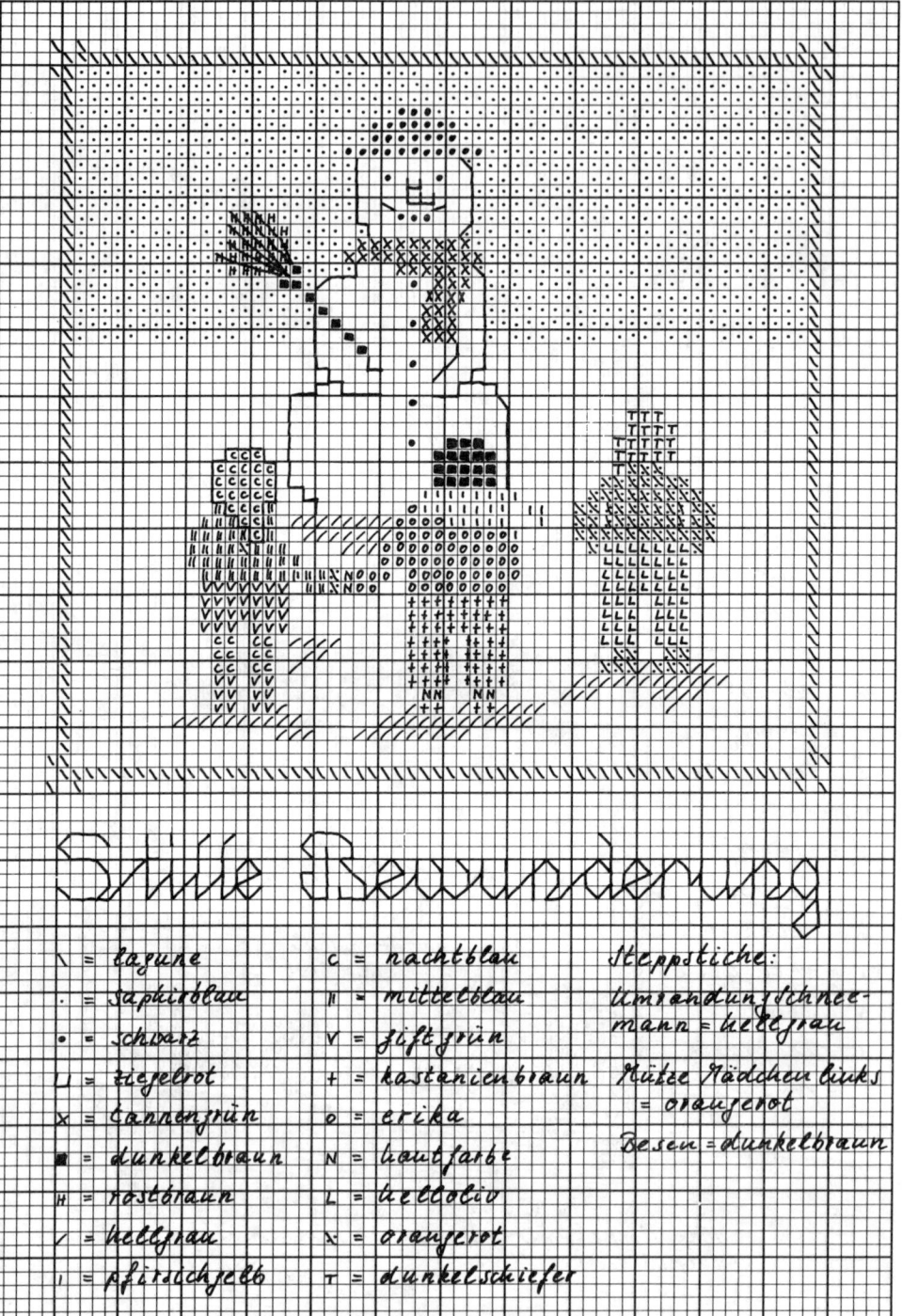

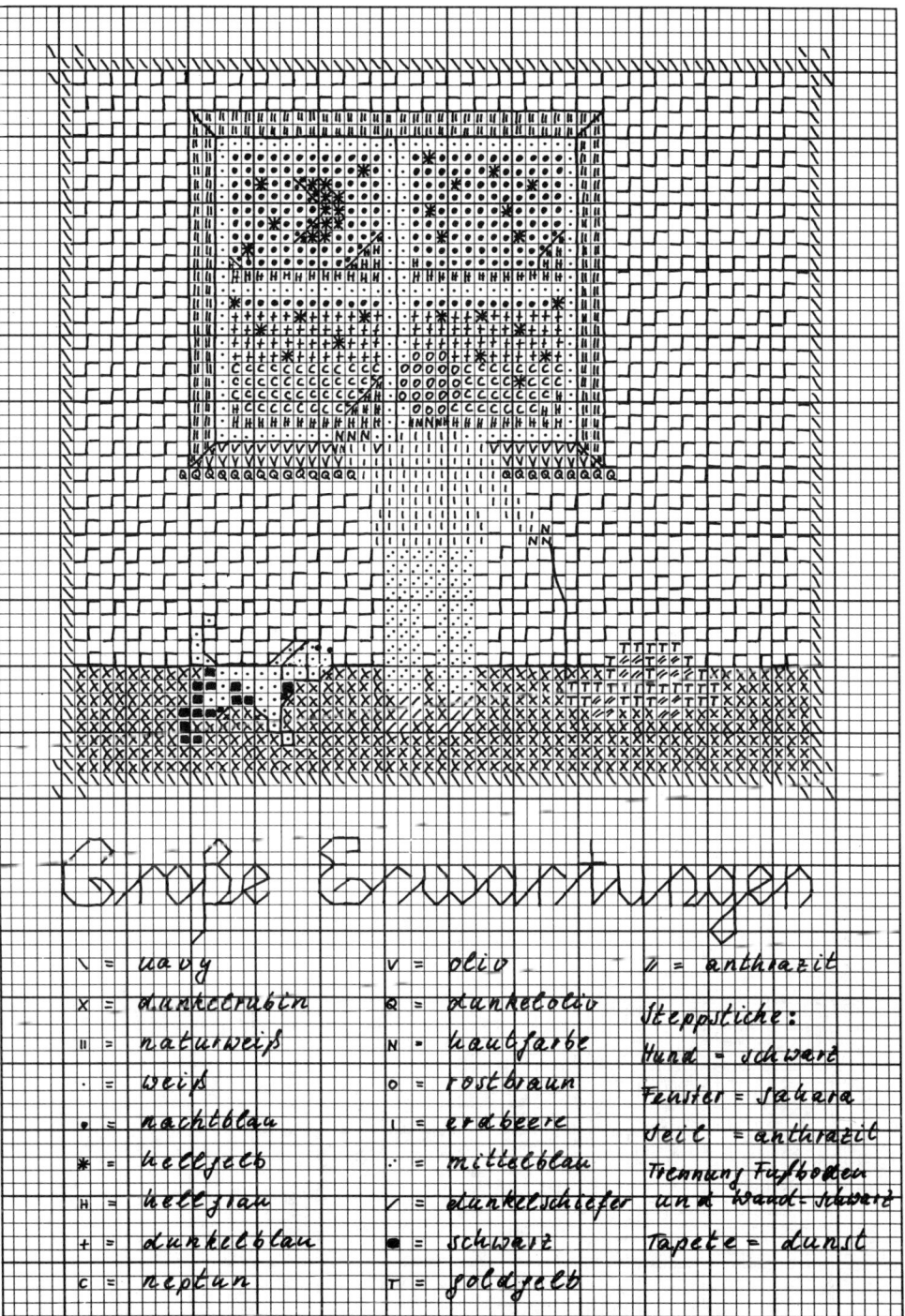

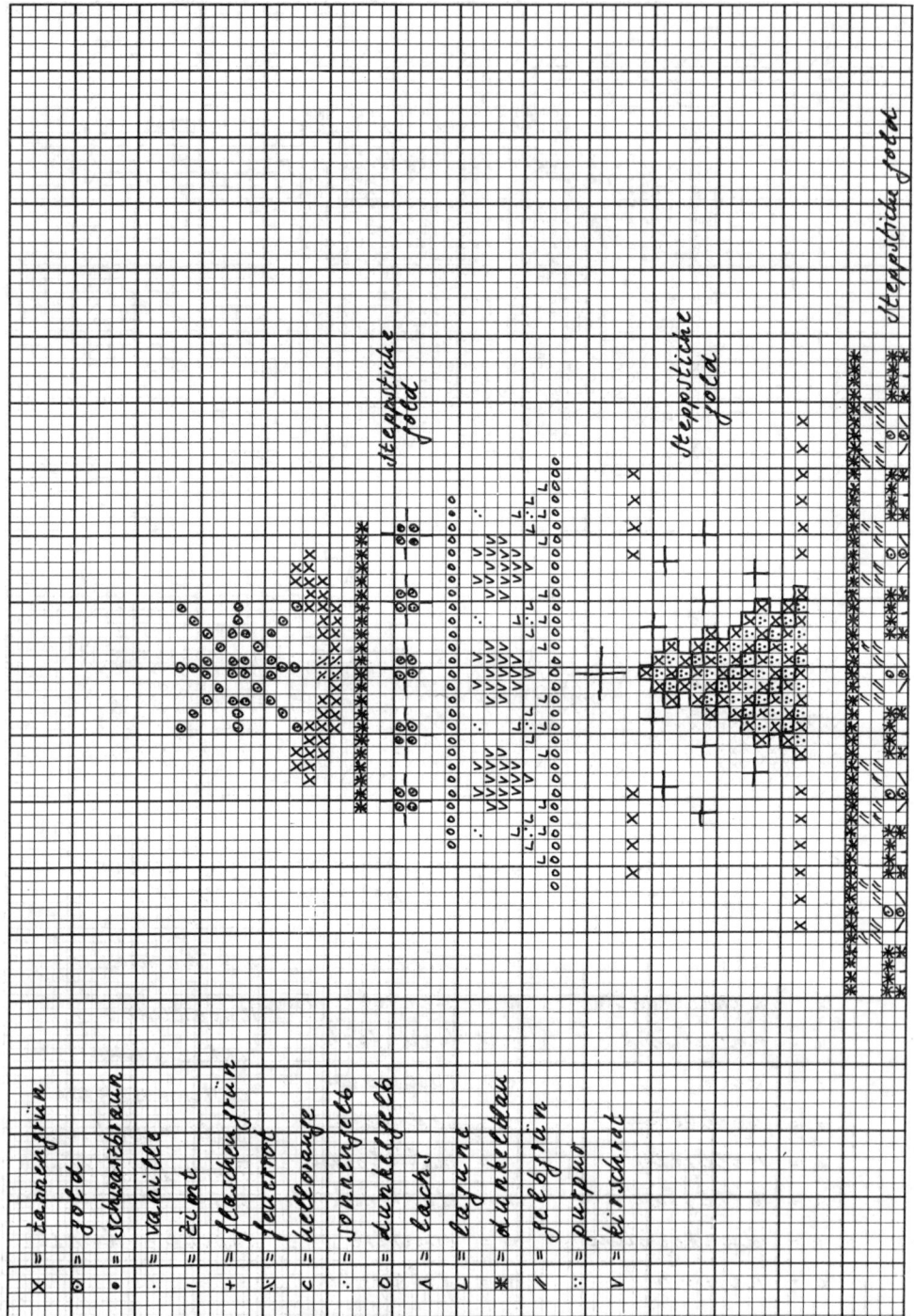

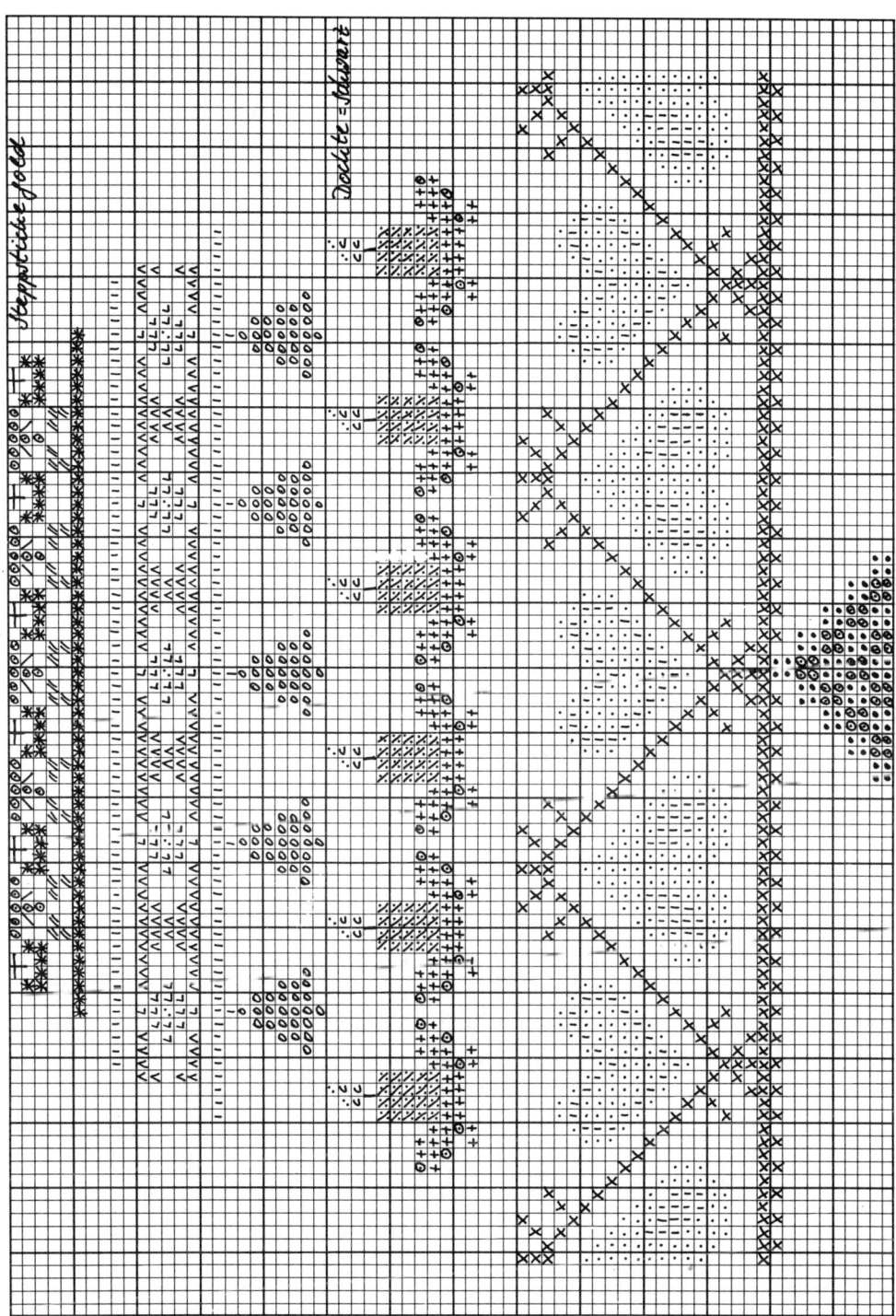

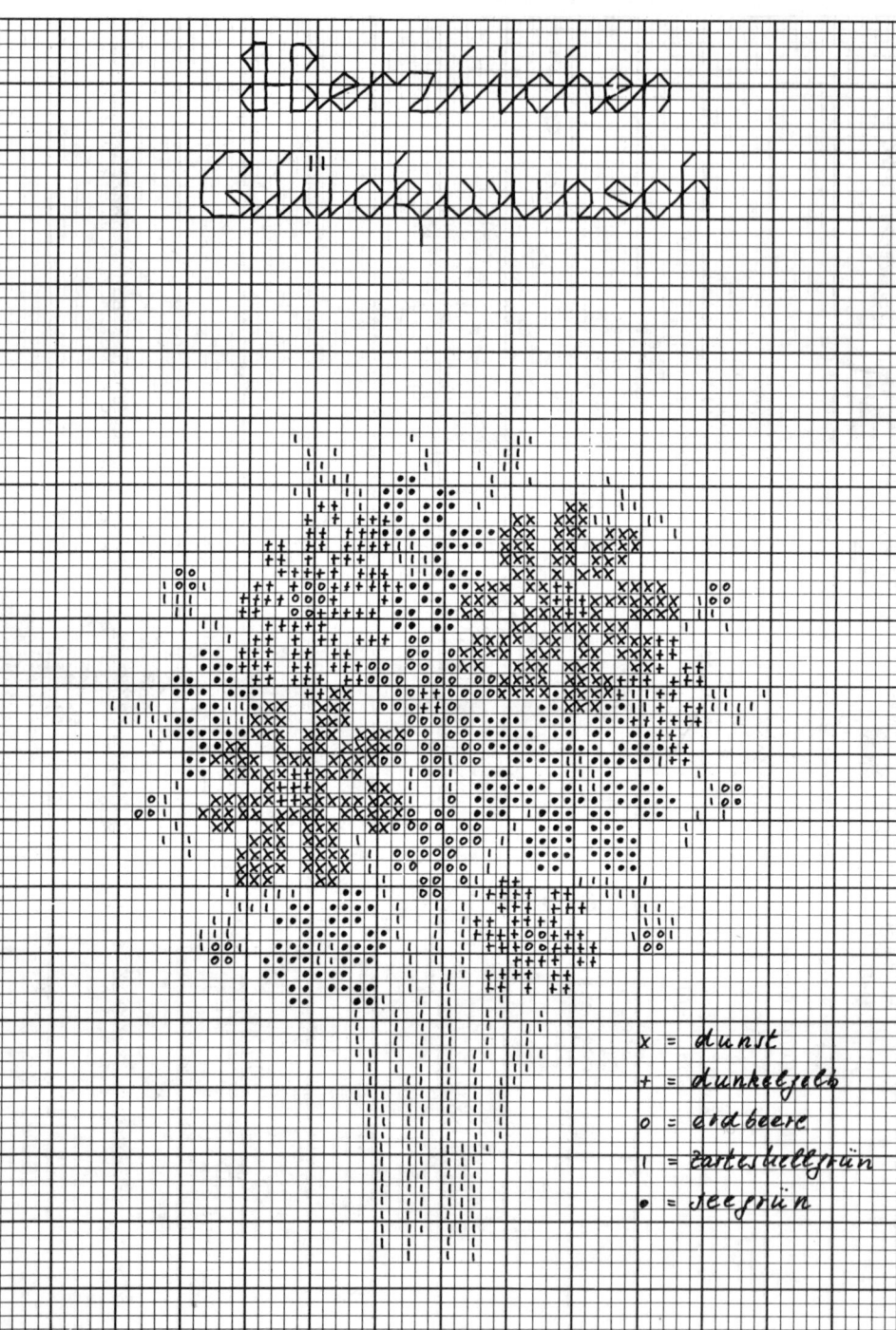

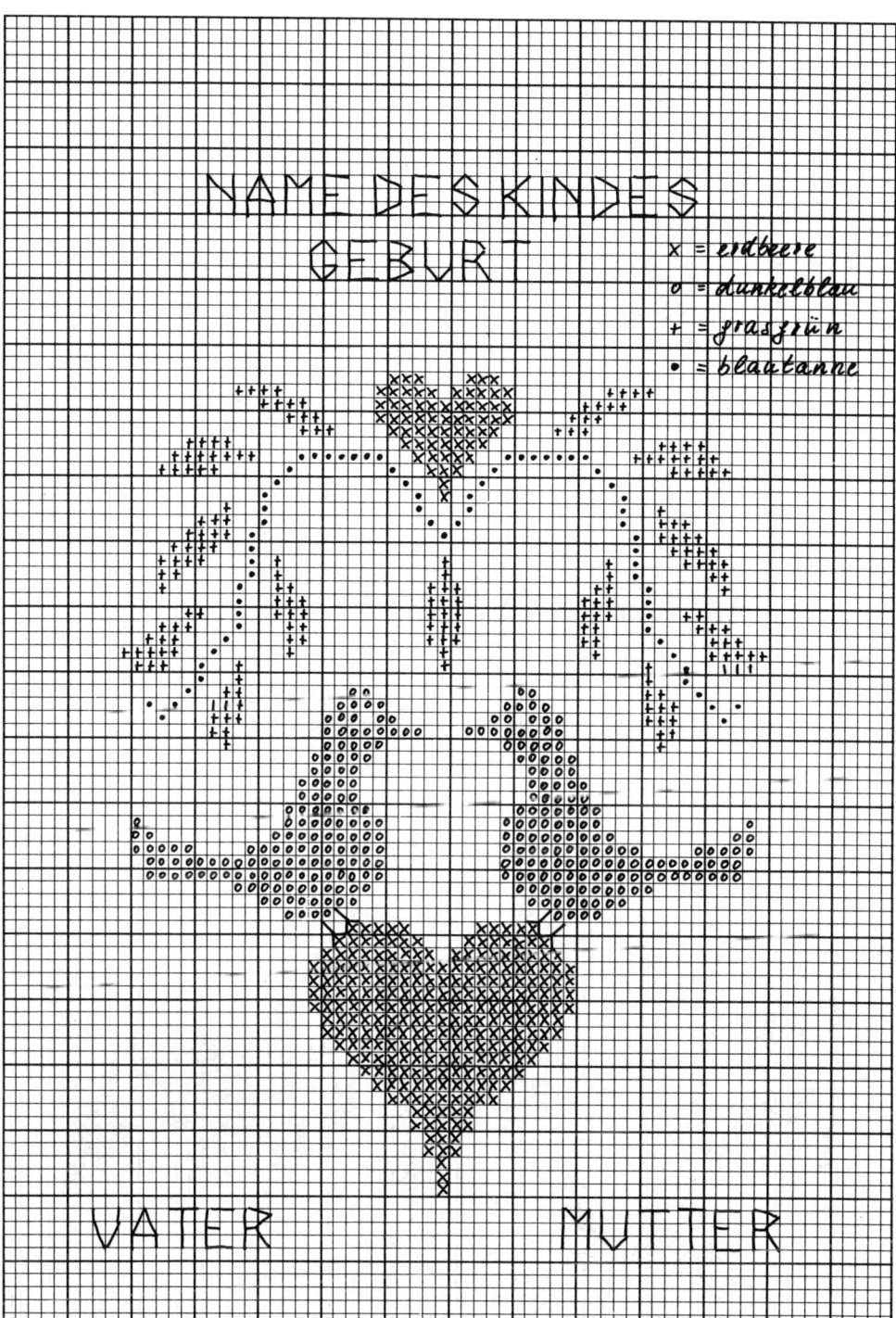

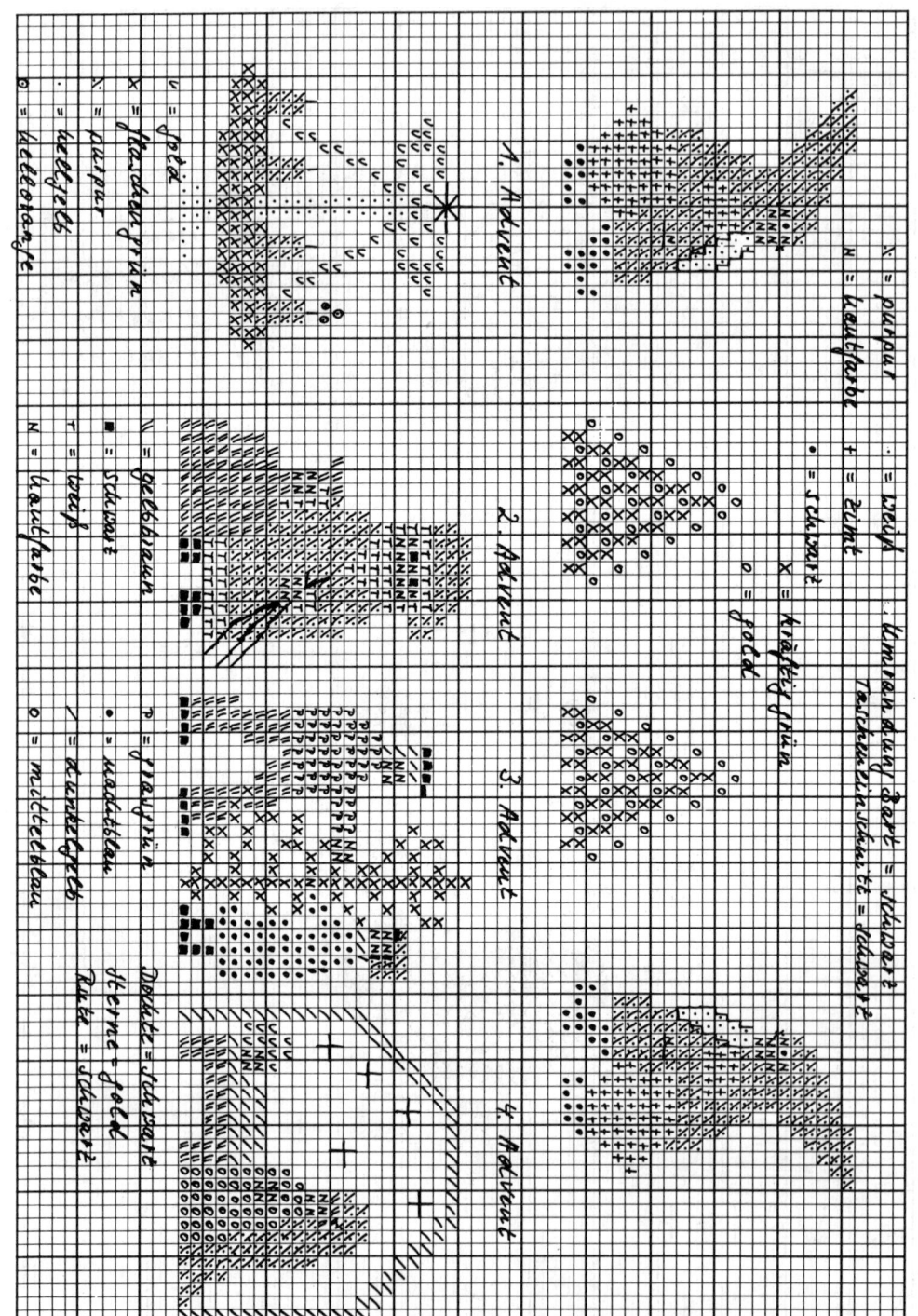

Hinweise zum Buch:

Alle in diesem Buch abgebildeten Modelle sind mit einfädigem deutschen Baumwollstickgarn (jokagarn) oder französischem Sticktwist der Firma DMC gestickt.
Die Baumwoll- oder Leinenbänder wurden von der Firma **Vaupel & Heilenbeck,** Wuppertal gestellt.
Das Leinen stammt von der Firma **Siekaup,** Bielefeld.

Sollten Sie Probleme in der Materialbeschaffung haben, richten Sie Ihre Anfragen bitte an:

"**Rund um's Sticken**"
Verlags- und Handels GmbH
Lilienstraße 43
4300 Essen
Tel. (02 01) 41 21 25
Stickgarne und Papierzubehör

Vaupel & Heilenbeck
Föhrenstraße 18
5600 Wuppertal 2
Tel. (02 02) 50 00 47
Stickgarne und Bänder

Textilagentur
F. Siekaup
Mönkebergstraße 19
4800 Bielefeld 1
Tel. (05 21) 10 91 88
Leinenstoffe

Bahmann KG
Gutenbergstraße 1
3004 Isernhagen 2
Tel. (05 11) 72 18 15
Dänisches Baumwollstickgarn

Bremer Tapisserie Werkstätten
Stader Landstraße 41/43
2820 Bremen 77
Tel. (04 21) 63 20 10 + 63 20 30
DMC Stickgarne

NADELÖHR-HEMPELMANN
Handarbeiten
Gneisenaustr. 25
2300 Kiel, Tel. 80 23 04

Farbtabelle

Farbbenennung	Deutsches Baumwoll Stickgarn	Dänisches Baumwoll Stickgarn	DMC Sticktwist	Farbbenennung	Deutsches Baumwoll Stickgarn	Dänisches Baumwoll Stickgarn	DMC Sticktwist
weiß	3006	600	weiß	brombeer	2011	11	552
naturweiß	1000	0	ecru	dunkellila	1005	5	550
schwarz	3042	240	310	blauviolett	2032	23	333
schwarzbraun	1712	–	3371	navy	3022	220	–
dunkelbraun	3612	216	838	marine	3102	201	823
kastanienbraun	1912	–	801	nachtblau	3202	202	939
mittelbraun	3152	251	869	dunkelblau	3822	228	336
braun	1600	–	839	neptun	3122	–	796
graubraun	3512	215	640	mittelblau	2081	–	825
schilfbraun	1006	6	830	himmelblau	3403	304	334
rostbraun	3412	214	975	stahlblau	2115	–	–
zimt	3312	213	436	enzian	2071	17	820
gelbbraun	3302	203	680	blau	1485	–	798
vanille	2003	–	738	saphirblau	3722	227	793
sand	1007	7	642	lagune	2022	22	322
beige	1222	–	543	dunstblau	1022	–	3325
dunkelbeige	3222	222	523	eisblau	2063	–	828
sahara	1500	–	613	hellblau	2033	33	341
hautfarbe	2052	25	225	graublau	3922	229	932
alabaster	1001	–	–	taubenblau	2012	21	931
marzipan	2082	28	746	hellgrau	3303	303	928
hellgelb	3522	225	3078	asphaltgrau	2091	19	441
pfirsichgelb	2061	16	677	pflastergrau	2002	20	318
sonnengelb	2084	48	743	silbergrau	2053	35	647
zitronengelb	3321	123	445	schiefer	2023	32	413
dunkelgelb	2074	47	834	anthrazit	1450	–	414
goldgelb	1932	–	729	blei	1400	–	451
hellorange	1049	–	972	dunkelschiefer	3741	147	844
mandarine	2035	53	741	gelbgrün	3505	505	907
braunorange	2045	54	721	grasgrün	3101	101	704
orange	2039	93	351	laubfrosch	3705	507	702
lachs	3311	113	352	zartes hellgrün	2099	099	471
hellziegelrot	3405	504	900	mittelgrün	2001	10	3363
ziegelrot	2059	95	720	kräftiggrün	3001	100	320
hellrosa	2007	–	818	dunkelgrün	3832	238	700
rosa	2096	69	3689	flaschengrün	3902	209	319
kräftigrosa	1002	2	604	weinlaub	3732	237	3347
altrosa	1003	3	3688	helloliv	3212	212	472
pink	2073	37	602	oliv	3602	206	520
flamingo	2021	12	776	dunkeloliv	3702	–	500
erdbeere	2068	86	309	smaragd	3805	508	911
hellrubin	3305	503	3328	giftgrün	1350	–	958
rubin	2041	14	221	turmalin	1008	8	992
dunkelrubin	3114	411	902	blautanne	3112	211	501
feuerrot	2079	97	321	tannengrün	1009	9	561
purpur	1105	–	817	helltürkis	3115	–	807
orangerot	3005	500	350	türkis	3015	510	908
kirschrot	2088	88	326	grüntürkis	3905	509	597
zartflieder	3232	232	778	petrol	3215	–	806
flieder	1821	–	3608	seegrün	3216	–	518
erika	3532	235	316	bonbongrün	3217	–	964
hellila	3332	233	554				
lila	3432	234	553				